Engelhorn Bücherei

Kleine Geschichten für Tierfreunde

Gesammelt
und herausgegeben
von Rainer Köthe

Engelhorn Verlag
Stuttgart

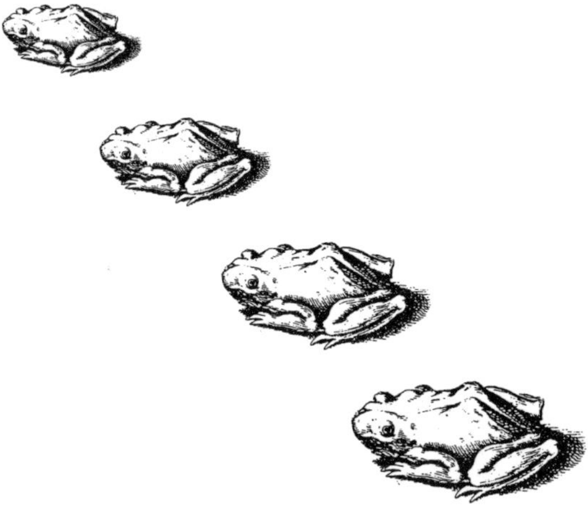

Inhalt

MARK TWAIN

Die Arche Noah in Bremen

Die Fortschritte, die seit den Zeiten Noahs in der schönen Kunst des Schiffbaus gemacht wurden, sind zweifellos beträchtlich. Nicht geringer ist der Gegensatz zwischen der Großzügigkeit der Schiffahrtsregeln zu Noahs Zeiten und der Strenge unserer heutigen Navigationsgesetze. Heutzutage würde dem Noah unmöglich erlaubt werden, was er dereinst ohne weiteres durfte.

Nimmermehr würde ihm zum Beispiel von Bremen die Ausfahrt freigegeben werden. Die Beamten würden kommen, seine Arche prüfen und tausend Einwendungen erheben. Jedermann, der Deutschland kennt, kann sich den Verlauf der Verhandlung leicht und in allen Einzelheiten ausmalen. Der Kontrollbeamte würde in einer schmucken Uniform erscheinen und sehr hochachtungsvoll und höflich sein, mit unerbittlicher Starrköpfigkeit jedoch darauf bestehen, daß alles bis zum letzten Nagel begutachtet werden muß. Zunächst hätte Vater Noah Geburtsort und -datum, seine Religion, sein Jahreseinkommen, seinen Beruf und Art und Weise seiner Beschäftigung anzugeben, ferner die Zahl seiner Frauen und Kinder sowie Alter und Geschlecht seiner Dienstboten. Sollte er etwa keinen Paß bei sich haben, so würde man ihn zuvorkommend auffordern, sich einen solchen zu beschaffen.

Alsdann würde der Beamte sich mit der Arche befassen:

»Länge?«

»Sechshundert Fuß.«

»Tiefgang?«

»Fünfundsechzig.«

»Spanten?«

»Fünfzig bis sechzig.«

»Material?«

»Holz.«

»Welche Sorte?«

»Zeder mit Schildpatt.«

»Innere und äußere Dichtmachung?«

»Pech.«

»Passagiere?«

»Acht.«

»Geschlecht?«

»Zur Hälfte männlich, zur Hälfte weiblich.«

»Alter?«

»Von hundert Jahren aufwärts.«

»Name des Schiffsarztes?«

»Ist nicht vorhanden.«

»Muß angeheuert werden. Außerdem müssen Sie sich eine Versicherung besorgen. Passagiere in diesem hohen Lebensalter müssen versichert sein. – Mannschaft?«

»Nun ja, diese acht.«

»Wa-a-s? Diese acht?«

»Ja, gewiß.«

»Na, sind die denn seemännisch ausgebildet?«

»Nein, mein Herr.«

»Die Männer auch nicht?«

»Nein.«

»Ist jemand von ihnen vorher jemals zur See gefahren?«

»Nein.«

»Wo sind Sie aufgewachsen?«

»Auf einem Landgut, die anderen auch.«

»Also, da Sie nicht mit Dampf fahren, so müssen Sie für Ihr Gefährt eine Besatzung von achthundert Mann haben. Die müssen sofort angeheuert werden. Darunter müssen sich vier Maate und neun Köche befinden. Wer ist der Kapitän?«

»Ich selbst, mein Herr.«

»Das geht natürlich nicht. Sie müssen auch einen Kapitän verpflichten. Ferner Bedienungspersonal und Krankenschwestern für die alten Leute. – Wer entwarf dieses Gefährt?«

»Ich.«

»Ihr erster Versuch, was?«

»Ja.«

Na, das habe ich mir schon gedacht. – Fracht?«

»Tiere.«

»Was für Tiere?«

»Sämtliche Arten.«

»Wild oder gezähmt?«

»Zum größten Teil wild.«

»Ausländische oder einheimische?«

»Vorwiegend ausländische.«

»Geben Sie mir die wichtigsten unter den wilden Arten an.«

»Megatherium, Elefant, Rhinozeros, Löwe, Tiger, Wolf und Schlange – kurzum, je zwei Stück von allen wilden Tieren aller Faunen.«

»Sind sie fest eingesperrt?«

»Nein, sie sind frei.«

»Nach der Vorschrift müssen sie in eisernen Käfigen sein. Wer füttert und tränkt Ihre Menagerie?«

»Nun wir.«

»Was, dieses Greisenvolk?«

»Ja, gewiß.«

»Das ist natürlich für beide gefährlich. Die Tiere müssen von erfahrenen Wärtern versorgt werden. Wieviel sind es denn im ganzen?«

»Siebentausend große. Mit den kleinen zusammen achtundneunzigtausend.«

»Dann müssen Sie zwölfhundert Wärter einstellen. – Wie ist das Fahrzeug beleuchtet?«

»Nun, durch zwei Fenster.«

»Und wo befinden sich die?«

»Unter der Traufe.«

»Ganze zwei Fenster für einen Raum von sechshundert Fuß Länge und fünfundsechzig Fuß Tiefe? Sie müssen elektrisches Licht legen lassen, und zwar einige Bogenlampen und fünfzehnhundert Glühbirnen. Welche Vorrichtungen sind für den Fall vorhanden, daß das Schiff leck wird? Wieviel Pumpen sind da?«

»Keine.«

»Müssen gleichfalls angeschafft werden. Wie wollen Sie die Passagiere und Tiere mit Wasser versorgen?«

»Wir schöpfen mit Eimern aus den Fenstern.«

»Das ist nicht erlaubt. – Mit welcher Triebkraft wollen Sie fahren?«

»Mit was?«

»Triebkraft. Auf welche Weise gedenken Sie Ihr Schiff vorwärts zu bewegen?«

»Gar nicht.«

»Sie dürfen nur entweder mit Segeln oder mit Dampf ausfahren.«

So würde das weitergehen. Der Beamte würde feststellen, daß der Arche auch das Steuerruder, die Anker und die Rettungsboote fehlten und würde verlangen, daß sie sämtlich einmontiert werden. Sodann würde er nach der beabsichtigten Dauer der Reise fragen und: »Elf bis zwölf Monate« zur Antwort erhalten. Für das Ziel der Fahrt würde Noah keine befriedigende Auskunft geben können. Folgte die Frage, wofür die Tiere bestimmt wären, Weltausstellung, Zirkus oder ...?

»Lediglich zur Fortpflanzung ihrer Art«, würde Noah erklären.

»Was, haben Sie denn noch nicht genug?«

»Für den gegenwärtigen Stand unserer Zivilisation schon. Da jedoch alle andern in einer großen Flut ertrinken werden, so müssen die meinigen die Arten erneuern.«

»Eine große Flut?« ...

»Ja, gewiß.«

»Wissen Sie das ganz genau?«

»Ganz genau. Vierzig Tage und vierzig Nächte hindurch wird Regen fallen.«

»Ach, darüber brauchen Sie sich keine Gedanken zu machen. So lange regnet es bei uns in Bremen oft.«

»Aber ich meine nicht solch einen gewöhnlichen Regen. Der meinige wird die Spitzen der höchsten Berge überschwemmen, von der Erde wird nichts mehr zu sehen sein.«

»Ganz unter uns gesagt, es tut mir leid, daß Sie von dieser Sache angefangen haben. Denn jetzt sehe ich mich gezwungen, die Wahl zwischen Segeln oder Dampf zu widerrufen und Dampfkraft zu verlangen. Ihr Schiff vermag nicht den hundertsten Teil des für elf Monate notwendigen Wasservorrats mitzunehmen. Außerdem muß das Wasser ja kondensiert sein.«

»Aber ich sage Ihnen doch, daß wir unser Wasser mit Eimern aus den Fenstern schöpfen wollen.«

»Das geht nicht. Lange bevor Ihre Flut die Bergspitzen erreicht hat, wird sich das Regenwasser mit dem Meerwasser vermischt haben, und alles ist salzig. Darum müssen Sie Dampf haben und Ihr Wasser kondensieren. – So, damit kann ich mich für heute empfehlen. Soweit ich Sie recht verstanden habe, war dies doch Ihr allerersten Versuch auf dem Gebiete des Schiffbaus, nicht wahr?«

»Mein allererster, mein Herr, auf Ehrenwort. Ich baute diese Arche ohne die geringste Erfahrung oder Kenntnis.«

»Eine erstaunliche Leistung, mein Herr, alles was recht ist. Ich bin überzeugt, daß die Ausstattung Ihres Gefährts vollkommen neu und einzigartig ist und auf keinem anderen Schiff unserer Tage anzutreffen sein dürfte.«

»Ihre Anerkennung ehrt mich ganz außerordentlich, wertester Herr. Die Erinnerung daran wird mir stets teuer sein. Meine Hochachtung also, mein Herr, und meinen allerbesten Dank. Auf Wiedersehen.«

Ja, ohne Zweifel würde der deutsche Kontrollbeamte von unbegrenzter Höflichkeit gegen Noah sein und würde ihn fühlen lassen, daß er sich unter Freunden befinde. Doch nie und nimmer würde er ihn mit seiner Arche in See gehen lassen.

KONSTANTIN FEDIN

Der Igel

Der Bauer hatte kein leichtes Leben. Schon als Kind kannte er nur Not und Mühe, und später hörte er kein gutes Wort. Jeder trachtete danach, ihn in ein Joch einzuzwängen. Er wurde düster, schaute keinem Menschen in die Augen und wiederholte nur: »Es gibt keine Freude für den Menschen auf dieser Erde.«

Seine alte Frau war mit ihm nicht einig. Sie meinte: der Mensch müsse doch Freude erfahren, wenn auch nur ein einziges Mal im Leben; wenn auch nur durch eine Blattlaus, aber es müsse doch sein!

In diesem Glauben starb sie, und mit dem Bauern ging es sichtlich bergab; er wurde krumm und dürr, und nie erhellte sich sein Gesicht zu einem Lächeln. Im Sommer arbeitete er auf dem Feld, im Winter saß er in seiner Hütte. Mit anderen Menschen hatte nichts zu tun, sah immer finster drein und brummte in seinen Bart: »Es gibt keine Freude für den Menschen auf dieser Erde.« Darum nannte man ihn den »Finsteren«.

Eines Tages ging er über den Marktplatz. Ein altes Weiblein kam ihm entgegen, auch so ein schwaches Ding, zum Umblasen, wie seine Frau zuletzt war. Sie hielt ihn an und bat: »Bauer, kauf mir den Igel ab.«

»Was soll ich damit anfangen?«

»Nun, du wirst es lustiger haben, und er wird dir die Ratten fangen.«

»Was für eine Unterhaltung kann man von einem Igel haben?« sagte der »Finstere«. Und doch regte sich in ihm der Gedanke: Ratten habe ich in meiner Hütte und in der Getreidekammer ein ganzes Heer. Soll ich wirklich den Igel kaufen, damit er sie auffrißt?

»Gut, gib ihn her«, sagte er.

Er wickelte den Igel in ein Tuch, band die vier Zipfel zusammen und brachte das Bündel nach Hause.

Der Igel lag in der Stubenecke, eingerollt wie eine Kugel und rührte sich nicht. Der »Finstere« schob ihm ein Krümchen Quark zu, blieb daneben stehen und schaute: Was kommt jetzt wohl?

Der Igel senkte seine Stacheln, durch ein Spältchen streckte er sein spitzes Schnäuzchen, bewegte es hin und her und schnüffelte. Wie ein Dieb haschte er dann schnell nach dem Quark, rollte sich wieder zu einer Kugel ein und blieb unbeweglich.

»Das hat dir wohl gefallen?« sagte der »Finstere«. Und wieder schob er dem Igel etwas Leckeres zu, beobachtete seine Bewegungen und fuhr sich mit allen fünf Fingern durch den Bart.

So beschäftigte er sich bis zum Abend und merkte nicht, wie es dunkelte. Der Igel wurde bald zahm wie ein Hündchen. Rief man ihn, so lief er herbei, klopfte mit den harten Krallen auf den Boden, raschelte mit den Stacheln und schnaubte mit seiner Rattennase. Betrat der »Finstere« nach vollendeter Arbeit die Stube, so lief der Igel auf ihn zu, nagte an seinen Bastschuhen und versuchte, den Kopf zu heben, als ob er dem Bauern ins Gesicht schauen wollte. Während der Bauer zu Mittag aß, bewegte sich der Igel zwischen seinen Füßen, suchte nach Abfällen und antwortete auf die Reden seines Brotherrn mit Schnauben und leisem Grunzen. Der Igel hatte seine Scheu vor dem Menschen verloren, und der Bauer – sobald er seine Arbeit draußen beendet hatte – eilte nach Hause, um den Igel zu füttern und mit ihm zu plaudern.

»Wohin so eilig?« fragte man ihn. »Ist dir etwas Erfreuliches zugestoßen?« Der »Finstere« zog die Augenbrauen zusammen und antwortete gewohnheitsmäßig: »Was für eine Freude kann dem Menschen auf dieser Erde beschert werden?«

An einem trüben Herbsttage kam der Bauer nach Hause, schmatzte wie gewöhnlich mit den Lippen, horchte – nichts regte sich. Er schaute hin und her – kein Igel war zu sehen. Der »Finstere« suchte nach ihm in allen verborgenen Ecken, er kehrte sein ganzes Hab und Gut um und um – der Igel war verschwunden. Der

Bauer setzte sich an den Tisch und löffelte träge und mißmutig seine Grütze. Da hörte er plötzlich unter dem Tisch ein leises Schnauben. Er bückte sich – wahrhaftig, es war der Igel! Aber ganz anders war er geworden: ungelenkig und schwerfällig bewegte er sich in der Stube, weich, ohne zu klopfen, als ob man ihm die Krallen abgeschnitten hätte. Er warf sich gierig auf das Essen, würgte an der Nahrung und bettelte immer um neue Bissen. Der »Finstere« begriff, daß es für das Tier Zeit war, sich zum Winterschlaf vorzubereiten, und es würde ihm bange vor dem langen Winter.

Der Igel verschwand wieder. Der Bauer hoffte, daß er nochmals erscheinen werde, um sich auf Vorrat satt zu fressen, aber nein, er kam nicht mehr hervor. Der »Finstere« gab sich große Mühe, die Schlafstätte des Tieres ausfindig zu machen.

Schließlich entdeckte er sie in einer dunkeln verborgenen Ecke unter dem Ofen. Dort lag der Igel fest zusammengerollt, wie tot. Der Bauer betupfte ihn mit dem Finger, drehte ihn um, dann legte er das Tier wieder so hin, wie es vorher gelegen hatte, kam aus dem staubigen Versteck hervor und seufzte tief.

Lange Herbsttage mit Nebel und Regen krochen über das Land. Dann wurde Frost vom Winde hergeweht, Schneestürme wüteten, die Erde wurde kalt wie eine Leiche.

Die Langeweile und die Einsamkeit überwältigten den »Finsteren«. Wieder ging er gebückt umher, sah die Menschen nicht an und brummte in seinen langen zerzausten Bart: »Es gibt keine Freude für den Menschen auf dieser Erde.« Hie und da suchte er das Versteck des Igels auf, rührte das schlafende Tier mit dem Finger an und roch an ihm: ob es noch am Leben sei?

Im Frühling wehte der warme Wind dem alten Bauern eine böse Krankheit zu; er fühlte die Nähe des Todes.

Eines Tages lag er auf der Bank, vom Fieber gequält, und wartete auf sein Ende. Plötzlich hatte er ein Gefühl, als ob ihm kalte Wassertropfen auf die Hand fielen. Er schaute hin – es war der Igel, der wie betrunken an die Hand des Kranken stieß, als ob er sie belecken wollte.

Woher nahm der »Finstere« die Kraft? Er sprang von der Bank auf und – wie ein krankes

Kind – kauerte am Boden und kroch um den Igel herum. Er plauderte und rief, so daß sich seine Stimme überschlug: »Du meine Freude, mein Igelchen, bist ja erwacht!«

Als der Igel den ihm vorgesetzten sauren Rahm zu lecken begann und seine ganze Schnauze damit verschmierte, fing der »Finstere« an zu lachen. Es war ein inniges, glückliches Kinderlachen, das erste in seinem ganzen Leben! Und lachend hauchte er seine Seele aus.

So fand man ihn am anderen Morgen in der düsteren Stube: Er lag am Boden, das Leuchten der Freude war auf seinem toten Antlitz erstarrt.

HERMAN MELVILLE

Die Fontäne

Seit sechstausend Jahren gewiß – und wer weiß wieviel Jahrmillionen vorher – blasen nun auf allen Meeren die Wale und besprengen und vernebeln mit ihren Zerstäubern die Gärten der See. Seit einigen Jahrhunderten schauen sich Tausende von Männern diese springenden, sprühenden Wasserkünste aus nächster Nähe an und sind sich wahrhaftig bis zu diesem Augenblick – A. D. 1851, den 16. Dezember, um 15¼ Minuten nach 1 Uhr nachmittags – noch nicht schlüssig, ob da wirklich Wasser ausgeblasen wird oder nur Dunst. Das ist immerhin bemerkenswert.

Wir wollen der Sache nachgehen und uns manches Interessante, was damit zusammenhängt, etwas näher anschauen. Bekanntlich atmen die Fische durch ihre überaus sinnreich eingerichteten Kiemen die Luft ein, die allezeit im Wasser enthalten ist. Ein Hering, ein Kabeljau kann hundert Jahre leben, ohne ein einziges Mal den Kopf aus dem Wasser zu recken. Der Wal ist anders gebaut. Wie der Mensch hat er eine Lunge und bedarf zum Leben der atmosphärischen Luft, die er nur im freien Äther einatmen kann, daher muß er auch von Zeit zu Zeit der Oberwelt einen Besuch abstatten. Durch das Maul atmen kann er überhaupt nicht, das liegt beim Schwimmen für gewöhnlich 8 Fuß unter Wasser und steht auch gar nicht mit der Luftröhre in Verbindung. Sein Atem strömt einzig und allein durch das Spritzloch auf seinem Scheitel ein und aus.

Für jedes Lebewesen ist die Atmung eine unbedingt notwendige Funktion, weil es dabei der Luft einen gewissen Bestandteil entzieht, der sich dem Blut verbindet und ihm die Lebenskraft gibt. Wenn ich mich auch vielleicht reichlich gelehrt ausgedrückt habe, so glaube ich doch nicht, daß ich mich in meiner Behauptung irre. Was wäre nun die Folge, wenn mit einem Atemzug der Mensch sein ganzes Blut auf einmal lüften könnte? Er dürfte getrost seine Nüstern eine Zeitlang versiegeln, ehe er den nächsten Atemzug täte, also geraume Zeit leben, ohne zu atmen. So abwegig das klingt, beim Wal verhält es sich so. Er taucht in ganz bestimmten Abständen und kann in der Regel eine Stunde und noch länger leben, ohne einen einzigen Atemzug zu tun oder sich auf andere Weise von irgendwoher Luft zuzuführen, denn Kiemen hat er ja nicht. Wie bringt er das fertig? Zwischen den Rippen und zu beiden Seiten der Wirbelsäule hat er ein wahres Labyrinth von verschlungenen Blutgefäßen, dünn wie Fadennudeln, solange er oben schwimmt, und weit aufgebläht von sauerstoffhaltigem Blut, sobald er taucht. Er nimmt also für eine gute Stunde seinen Vorrat an Lebenskraft tausend Klafter mit hinunter in die Tiefe, ähnlich wie das Kamel in seinen vier zusätzlichen Mägen stets einen Überschuß an Trinkwasser für künftigen Bedarf in der dürren Wüste bei sich hat. Daß dies Labyrinth vorhanden ist, wird kein Anatom bestreiten, und wenn ich bedenke, wie peinlich der Wal darauf hält, die Zahl seiner Atemzüge jedes Mal vollzumachen, so leuchtet mir meine Vermutung über den Zweck dieses Adergewirrs immer mehr ein. Ich meine damit folgendes. Wird der Wal an der Oberfläche des Wassers nicht gestört, so vergeht zwischen seinem

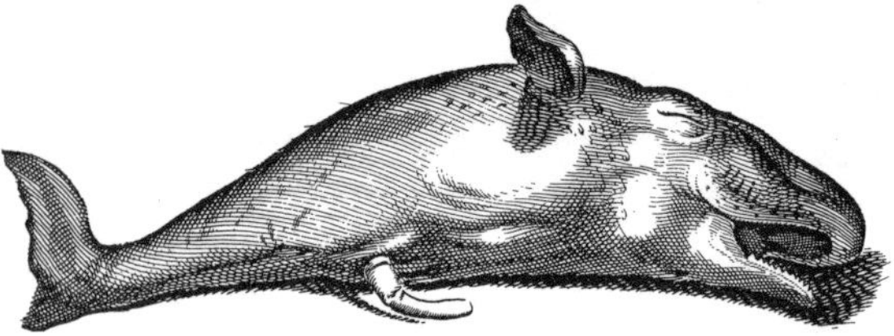

Aufsteigen und seinem Untertauchen jedes Mal die gleiche Frist. Er bleibt, sagen wir, elf Minuten oben und bläst unterdessen siebzig Mal. Dann taucht er, und wenn er wieder aufsteigt, ist sicher damit zu rechnen, daß er abermals genau siebzig Mal Luft holt. Wird er aber nach den ersten paar Atemzügen erschreckt, so verschwindet er zwar unter Wasser, wagt sich jedoch immer wieder verstohlen an die Oberfläche, um noch zu erhaschen, was ihm an Luft fehlt, und erst wenn die siebzig Atemzüge voll sind, geht er endgültig in die Tiefe und hält seine gewohnte Zeit dort aus. Zu bemerken ist, daß bei den verschiedenen Tieren die Luftration verschieden bemessen ist; bei jedem einzelnen aber bleibt sie sich immer gleich. Warum nun sollte der Wal es mit der Zahl seiner Atemzüge so genau nehmen, wenn er sich nicht die Vorratskammern mit Luft füllen müßte, ehe er untertaucht? Daß der Zwang, nach einer bestimmten Frist wieder aufzusteigen, den Wal der Gefahr aussetzt, gefangen zu werden, liegt auf der Hand. Schwämme er tausend Klafter tief vor dem Licht der Sonne verborgen, dann wäre ihm mit Angeln und Netzen nichts anzuhaben. Weit mehr als unserer Kunst verdanken wir unseren Sieg der natürlichen Notdurft.

Beim Menschen setzt der Atem niemals aus; denn ein Atemzug reicht nur für zwei oder drei Pulsschläge. Ob der Mensch wacht oder schläft, wie stark er auch mit andern Dingen beschäftigt ist, atmen muß er, sonst muß er sterben. Der Pottwal hingegen atmet nur ungefähr ein Siebentel seines Lebens, nur sonntags, sozusagen.

Wir haben schon berichtet, daß der Wal nur durch sein Spritzloch Luft holt. Könnten wir mit Gewißheit hinzusetzen, daß sein Atemstrahl auch Wasser enthält, dann hätten wir wohl die Ursache dafür gefunden, daß sein Geruchssinn offenbar zu kurz gekommen ist. Denn das einzige an ihm, was ungefähr der Nase entspricht, ist eben sein Spritzloch, und hätte es bereits zwei Elemente zu beherbergen, dann könnte man ihm unmöglich zumuten, auch noch zu riechen. Etwas Sicheres läßt sich darüber nicht sagen, ehe nicht das Rätsel seines

Atemstrahls gelöst ist: steigt da Wasser auf oder Luft? Ein eigentliches Geruchsorgan hat der Wal jedenfalls nicht. Was sollte er auch damit? Rosen, Veilchen, Kölnisch-Wasser, all das gibt es nicht in der See.

Seine Luftröhre mündet in den Spritzkanal und hat sonst nirgends einen Ausgang. Dies lange Spritzrohr ist wie der große Erie-Kanal mit einer Schleuse versehen, die jeweilig die eingeatmete Luft abschließt und dem andringenden Wasser Einhalt tut. Daher hat der Wal auch keine Stimme. Wer da behauptet, er spräche durch die Nase, wenn er auf seine eigentümliche Art rumort, der beleidigt ihn. Was hätte er auch zu sagen? Daß ein wirklich tiefer Geist der Welt etwas mitteilen wollte, ist mir selten begegnet, wenn er sich nicht gerade gezwungen sah, zu stammeln, um sein Brot zu verdienen. Ein Glück nur, daß die Welt eine so ausgezeichnete Zuhörerin ist!

Der Spritzkanal des Pottwals, der vor allen Dingen der Luftzufuhr dienen soll, ist mehrere Fuß lang und zieht sich unmittelbar unter der Scheitelfläche hin, ein wenig seitlich, wie ein Gasrohr, das auf der einen Seite der Straße entlangführt. Und wieder erhebt sich die Frage:

Ist dies Gasrohr zugleich auch Siel? – mit andern Worten: Bläst der Pottwal nur die verbrauchte Luft aus, oder mischt sich von dem Wasser etwas hinein, das ihm in den Rachen fließt? Allerdings steht der Rachen mit dem Spritzkanal in Verbindung, wenn auch nicht unmittelbar; ob dort aber Wasser ausgestoßen wird, ist nicht erwiesen. Notwendig wäre das vielleicht bei der Nahrungsaufnahme, wo allerlei überflüssiges Wasser mit hereinkommt. Aber die Nahrung sucht sich der Pottwal tief unter dem Meeresspiegel, und dort kann er beim besten Willen nicht blasen. Beobachtet man übrigens ein ungestörtes Tier mit der Uhr in der Hand, so ergibt sich zwischen der regelmäßigen Wiederkehr seines Strahls und der durchschnittlichen Atmungsperiode der andern Säugetiere ein festes Verhältnis.

Was sollen uns Gründe und Gegengründe! Klare Tatsachen wollen wir. Sie haben ihn blasen sehen und müssen wissen, was aus seinem Spritzloch herauskommt. – Wir können doch wohl Luft und Wasser unterscheiden! Aber so einfach ist das nicht. Was auf dieser Welt sonnenklar heißt, habe ich stets verzwickter gefunden als manches andere. Die Fontäne des

Pottwals? Ich behaupte, man könnte darunterstehen und würde sich doch nicht klar darüber, was einen da eigentlich umsprüht.

Der Kern der Fontäne ist in einem Dunstschleier verborgen, der wie Schnee glitzert. Ob es daraus herniederregnet oder nicht, ist schwer zu sagen. Wenn man dem Wal so nahe kommt, da man seinen Atemstrahl deutlich vor sich hat, ist das Ungetüm jedes Mal in höchster Erregung und läßt rings um sich her die Wassergarben gen Himmel spritzen. Glaubt man in der Fontäne dann wirklich Wassertropfen zu unterscheiden, woher soll man wissen, ob es nicht Gischt ist? Vielleicht stammen sie auch aus der kleinen Vertiefung im Scheitel des Wals, worin das Spritzloch eingelassen ist. Denn auch wenn der Wal geruhsam durch die windstille mittägliche See dahinzieht und seinen Buckel an der Sonne trocknet wie das Dromedar seinen Höcker in der Wüste, trägt er beständig einen kleinen Wassertümpel auf dem Kopf, wie in einer Mulde im Gestein das Regenwasser auch unter glühender Sonne nie ganz verdunstet.

Der richtige Walfänger weiß übrigens bei diesem Punkt seine Neugier zu beherrschen.

Man sucht besser nicht alles zu ergründen. Die Fontäne des Wals ist nicht der Brunnen, wo man seinen Krug füllen kann, um ihn ungestraft nach Hause zu tragen. Schon wenn einem die bloße Haut von der äußern Dunstwolke nur leicht benetzt wird, brennt sie schmerzhaft unter dem ätzenden Naß, und das kommt oft vor. Ich kenne jemanden, der dem Strahl zu nahe gekommen ist, ob zu wissenschaftlichen Zwecken oder aus andern Gründen, kann ich nicht sagen. Die Haut an Arm und Wangen hat sich bei ihm abgeschält. Unter Walfängern gilt der Strahl daher für giftig, und sie weichen ihm aus. Ich habe sogar gehört und halte es nicht für unmöglich, daß er blendet, wenn er ins Auge trifft. Der Forscher tut also, scheint mir, am klügsten daran, den tödlichen Strahl auf sich beruhen zu lassen.

Hypothesen aber bleiben uns unbenommen, wo sich nichts erweisen und feststellen läßt. Nach der meinen ist der Atemstrahl nur Dunst. Ich habe mehrere Gründe dafür, mein ganz besonderer aber ist des Pottwals hohe Würde und Herrlichkeit. Für mich ist er eben kein seichtes Alltagswesen, denn niemals ist er, wie alle anderen Wale hin und wieder, in flachen

Gewässern oder in der Nähe der Küste zu finden. Er ist beides, gewichtig und tief, und wo immer einer das ist – ich denke an Plato und Pyrrhus, an den Teufel, an Jupiter, an Dante und so weiter –, da steigt beim Denken tiefer Gedanken ohne Unterlaß fast sichtbarlich ein feiner Rauch aus seinem Haupte empor. Davon bin ich fest überzeugt, denn als ich selbst einmal ein Traktätchen über die Ewigkeit verfaßte, plagte mich die Neugier, und ich habe mich dabei in dem Spiegel geschaut. Nicht lange, so fing die Luft über meinem Kopfe seltsam an zu wogen und zu beben. Es war an einem Mittag im August. Sechs Tassen heißen Tee hatte ich getrunken und saß nun unter den dünnen Schindeln meiner Dachkammer. Da ist mir über meinen tiefen Gedanken wie gewöhnlich das Haar feucht geworden und hat mir meine Hypothese nur wahrscheinlicher gemacht.

Dieses rätselhafte Ungeheuer unter seinem dunstigen Baldachin, den sich das ruhevolle Riesenhaupt in seinem ewig stummen Sinnen selbst erzeugt, wirkt erhaben, wenn es durch das stille Meer der Tropen feierlich an uns vorüberzieht. Vielleicht verklärt sogar ein Regenbogen seinen Nebelstrahl, als setzte der Himmel selbst sein Siegel auf die Gedanken seines Geschöpfs. Denn seht ihr, nur das Trübe erleuchtet der Regenbogen; allem Klaren bleibt er fern. Wenn mir des Zweifels dichte Schwaden den Geist verfinstern, flammt hin und wieder eine Eingebung auf, und der Nebel beginnt in himmlischem Licht zu leuchten. Dafür dank ich meinem Gott. Wir zweifeln alle, und viele leugnen ihn. Wenigen aber wird unter Zweifeln und Leugnen die Erleuchtung zuteil. Zweifel an allem Irdischen und hier und da eine Eingebung von himmlischen Dingen – man wird weder gläubig dabei noch ungläubig; man wird Mensch und schaut beides mit gleichen Augen an.

FRIEDRICH THEODOR VISCHER

Prähistorische Ballade

Ein Ichthyosaur sich wälzte
Am schlammigen, mulstrigen Sumpf.
Ihm war in der Tiefe der Seele
So säuerlich, saurisch und dumpf,

So dämlich, so zäh und so tranig,
So schwer und so bleiern und stumpf;
Er stürzte sich in das Moorbad
Mit platschendem, tappigem Pflumpf.

Da sah er der Ichthyosaurin,
So zart und so rund und so schlank,
Ins schmachtende Eidechsenauge,
Da ward er vor Liebe so krank.

Da zog es ihn hin zu der Holden
Durchs klebrige Urweltgemüs,
Da ward aus dem Ichthyosauren
Der zärtlichste Ichthyosüß.

ALEXANDER L. KIELLAND

Der alte Rabe

Hoch über die Heidehügel flog ein alter, weiser Rabe. Der wollte viele Meilen nach Westen, bis an die Meeresküste, um ein Schweinsohr auszugraben, das er dort in der guten Zeit vergraben hatte. Jetzt war es spät im Herbst und das Futter knapp. Wenn ein Rabe kommt, sagt Vater Brehm, dann braucht man sich nur umzusehen, um einen zweiten zu entdecken. Aber man konnte sich lange umsehen: der da geflogen kam, der alte weise Rabe, war und blieb der einzige. Und ohne sich um etwas zu kümmern, glitt er auf seinen starken kohlschwarzen Schwingen durch die dicke Regenluft, geradeaus nach Westen steuernd, ohne einen Laut von sich zu geben. Doch während er ruhig dahinflog, beobachteten seine scharfen Augen die Landschaft unter ihm, und er ärgerte sich. Von Jahr zu Jahr wurden die grünen und goldgelben Flecken dort unten zahlreicher und größer, Stück für Stück schnitten sie aus der Heide heraus, kleine Häuser mit roten Ziegeldächern folgten, niedrige Schornsteine mit dickem Torfrauch – Menschenwerk und Menschen überall.

Er erinnerte sich seiner Jugendzeit – das mochte jetzt einige Winter her sein –, da war hier genug Platz für einen tüchtigen Raben mit Familie: endlos lange Heidestrecken, junge Hasen und kleine Vögel die Menge, Eidergänse am Strand mit großen, köstlichen Eiern, so viel von solcher Art Leckerbissen, wie man sich nur wünschen konnte. Nun stand hier Haus bei Haus, überall gelbe Kornfelder und grüne Wiesen. Und so knapp war das Futter, daß ein alter, ehrenwerter Rabe meilenweit um ein lumpiges Schweinsohr fliegen mußte. Die Menschen! – die Menschen! Der alte Vogel kannte sie. Er war unter Menschen aufgewachsen und sogar unter sehr vornehmen. Auf dem großen Gut dicht bei der Stadt hatte er seine Kindheit und seine Jugend verlebt. Aber jedesmal, wenn er jetzt über den Hof hinflog, hob er sich hoch in die Luft, um nicht wiedererkannt zu werden. Ob er es gut bei den vornehmen Menschen gehabt hatte? O ja, wie man es nimmt. Nahrung im Überfluß und eine Menge zu lernen. Aber es blieb doch die Gefangenschaft; die ersten Jahre mit gestutztem linkem Flügel und später auf »parole d'honneur« – wie der alte Herr zu sagen pflegte. Es war dieses Ehrenwort, das er gebrochen hatte, und das geschah an einem Frühlingstage – als ein junges glänzendschwarzes Rabenweibchen über den Garten flog. Einige Zeit später – es mochten wohl ein paar Winter seitdem vergangen sein –, da kam er auf den Hof zurück. Aber ein paar fremde Knaben warfen mit Steinen nach ihm; der alte Herr und das junge Fräulein waren nicht da. Die werden wohl in der Stadt sein, dachte der Rabe und kam nach einiger Zeit wieder. Doch da wurde ihm derselbe Empfang zuteil.

Jetzt war der alte, ehrenwerte Vogel – denn inzwischen war er alt geworden – beleidigt. Von nun an flog er hoch über das Haus hinweg. Er wollte nichts mehr mit den Menschen zu schaffen haben, und der alte Herr und das junge Fräulein konnten sich die Augen nach ihm aussehen – und das taten sie, davon war er überzeugt! Und alles, was er gelernt hatte, vergaß er: sowohl die schwierigen französischen Wörter, die er in der Stube von dem Fräulein gelernt, als auch die ungleich leichteren Kraftausdrücke, die er sich auf eigene Faust in der Gesindestube angeeignet hatte. Nur zwei menschliche Laute blieben als Überreste der entschwundenen Gelehrsamkeit in seinem Gedächtnis hängen. Wenn er richtig bei guter Laune war, geschah es, daß er sagte: »Bonjour, madame!« Und wenn er zornig war, schrie er: »Hol mich der Teufel!«

Rasch und sicher glitt er durch die dicke Regenluft. Da schimmerte bereits der weiße Kranz der Brandung längs der Küste. Er entdeckte eine große schwarze Fläche unter sich: das Torfmoor. Rings im Kreise lagen die Gehöfte auf den Anhöhen. Aber auf der tiefer gelegenen Ebene – sie war wohl über eine Meile lang – fand

sich keines Menschen Spur, nur ein paar Torfhaufen am Rande und dazwischen blinkende Wasserpfützen. »Bonjour, madame!« rief der alte Rabe und begann in großen Ringen das Moor zu umkreisen. Es sah hier so gemütlich aus, daß er langsam und vorsichtig herabglitt und sich auf eine Baumwurzel mitten im Moor setzte. Hier war es ungefähr so wie in alten Tagen: öde und stille. Hier und dort, wo der Grund trockener war, wuchsen ein wenig Heidekraut und vereinzelte Binsen. Das Wollgras war verblüht, aber auf den steifen Halmen hing noch das eine und das andere Haarbüschel, schwarz und verfilzt vom Herbstregen. Sonst nichts als feinzerriebene schwarze Erde, naß und voller Wassertümpel – graue, gewundene Baumwurzeln ragten empor, zu einem knorrigen Nest verflochten. Der alte Rabe begriff wohl, was er sah: hier hatten vor langen Zeiten Bäume gestanden, lange, lange vor dem er geboren wurde. Der Wald war fort. Zweige, Laub, alles dahin. Nur die Wurzeln noch übrig, ineinander verschlungen, tief unten in der weichen Masse von schwarzen Fasern und Wasser. Aber weiter konnte die Veränderung nicht gehen. So mußte es bleiben. Das mußten die Menschen wenigstens liegen lassen, wie es lag. Der alte Vogel richtete sich auf. Die Höfe lagen so weit weg. Hier war es friedlich und sicher mitten in dem grundlosen Moor. Etwas von dem Alten mußte doch in Frieden bleiben. Er glättete die glänzenden schwarzen Federn und sagte mehrere Male: »Bonjour, madame!«

Aber vom nächsten Hof herab kamen ein paar Männer mit Pferd und Wagen. Zwei kleine Jungen liefen hinterher. Sie fuhren auf einem gewundenen Weg zwischen den Moorhügeln, doch mitten auf das Moor hinaus. Sie machen bald halt, dachte der Rabe. Aber sie kamen immer näher. Der alte Vogel bewegte unruhig den Kopf. Es war verwunderlich, wie weit sie sich hinauswagten. Endlich machten sie halt, und die Männer gingen mit Spaten und Äxten an die Arbeit. Der Rabe konnte sehen, wie sie sich an einer schweren Baumwurzel abmühten, die sie loshaben wollten. Sie werden bald müde werden, dachte der Rabe. Aber sie wurden nicht müde. Sie hieben mit den Äxten – es waren die schärfsten, die der Rabe je gesehen hatte –, sie gruben und arbeiteten, und schließlich gelang es ihnen wirklich, den schweren Stamm auf die Seite zu wälzen, so daß das starke Wurzelwerk zum Himmel ragte.

Den kleinen Jungen war es langweilig geworden, Kanäle zwischen den Wassertümpeln zu graben. »Sieh mal die große Krähe dort!« sagte er eine. Sie versahen sich mit Steinen und schlichen sich zwischen den Moorhügeln vorwärts. Der Rabe sah sie wohl, aber er hatte anderes gesehen, das schlimmer war. Nicht einmal hier draußen im Moor ließ man das Alte in Frieden. Jetzt hatte er gesehen, daß selbst die grauen Baumwurzeln, die älter waren als der älteste Rabe und die so fest verflochten in dem tiefen, unergründlichen Moor lagen, daß selbst die den scharfen Äxten weichen mußten. Und als die Jungen gerade so nah waren, daß sie sich anschickten zu werfen, hob er die schwarzen Schwingen und flog auf.

Aber als er in die Luft stieg und herniedersah auf die geschäftigen Männer und die dummen Jungen, die, in jeder Hand einen Stein, ihm offenen Mundes nachstarrten, da stieg der Zorn in dem alten, ehrwürdigen Vogel auf. Wie ein Adler stieß er auf die Jungen nieder, und während seine großen Schwingen ihnen um die Ohren schlugen, schrie er mit fürchterlicher Stimme: »Hol mich der Teufel!« Schreiend warfen sich die Jungen zur Erde. Als sie nach einer Weile aufzusehen wagten, war es wieder stille und öde. Weit, weit weg flog ein einsamer schwarzer Vogel nach Westen.

Aber bis in ihre Mannesjahre, ja bis zu ihrem

Todestage, behielten sie die Überzeugung, daß sich der Böse ihnen offenbart habe draußen auf dem schwarzen Moor in Gestalt eines über die Maßen großen schwarzen Vogels mit feurigen Augen. Und dabei war es doch nur ein alter Rabe gewesen, der nach Westen flog, um ein Schweinsohr auszugraben, das er verborgen hatte.

HERMANN LÖNS

Die Wasserspitzmaus

Da, wo der Mühlbach aus dem Walde hervortritt, hat ihn der Bauer geteilt und zur Hälfte nach den Wiesen abgeleitet. Der Hauptbach ist wild und ungestüm und poltert dahin wie ein Berggewässer. In dem abgeteilten Arme fließt das Wasser langsamer, und so gedeihen alle Pflanzen üppig dort, hell- und dunkelblättriger Hahnenfuß, Merk und Laichkräuter.

Es wimmelt deshalb dort von allerlei Getier, von Schnecken, Egeln, Jungfer- und Schwimmkäferlarven, Köcherwürmern, Bachflohkrebsen und Ruderwanzen; auch huschen Elritzen hin und her und Stichlinge. Darum jagt der Eisvogel dort Tag für Tag und noch ein anderer kleiner Fischer.

Die Wasserspitzmaus ist es, ein seltsames Tierchen, gleicherweise gewandt zu Lande wie zu Wasser, ein Taucher und Schwimmer trotz dem Otter, ein keckes Räuberchen, das sich an alles Getier heranwagt, das schwächer ist, ein rastloses, unstetes, unruhiges Wesen, immer in Bewegung, immer auf Beute aus, denn es hat einen hungrigen Magen und eine schnelle Verdauung.

Ein schrilles Zwitschern erklingt am Bachborde. Unter dem Steilufer zieht sich ein glatter Streifen dicht über dem Wasser hin, hier und da von einem Binsenbusche verdeckt. Das ist der Jagdwechsel der Wasserspitzmaus. Da huscht sie hin und her, auf Kerbtiere Jagd machend. Dem Laufkäfer helfen seine wehrhaften Kneifzangen und sein ätzender Mundsaft wenig; die Spitzmaus ist schnell mit ihm fertig. Auch eine dicke, braune Graseulenraupe muß daran glau-

ben, und eine Bernsteinschnecke findet ebenfalls ein schnelles Ende.

Unglaublich schnell trippelt der kleine Räuber auf seinem Passe entlang, ab und zu zwitschernd. Da plumpst es über ihm im Bache. Eine zweite Spitzmaus schwimmt auf die erste zu. Ein Männchen ist es, dem die Luft die Witterung des Weibchens zuwehte. Eine lustige Jagd beginnt, denn das Weibchen tut so, als läge ihm an dem ungestümen Bewerber gar nichts. Hin und her hetzt das Männchen das Weibchen, bis es sich in das Wasser rettet, darin untertaucht und auf der Bachsohle entlangrennt. Aber das Männchen folgt ihm und treibt es wieder an das Ufer.

Jetzt sind es auf einmal drei Stück geworden; ein zweites Männchen gesellte sich dem Paare zu. Nun wird die Sache ernst, denn die Tierchen haben ein hitziges Geblüt und sind ebenso verliebt wie eifersüchtig. Schon haben sich die beiden Männchen am Wickel und kugeln sich giftig zwitschernd am Bachrande umher, bis sie in das Wasser rollen. Das eine hat genug und flüchtet; das andere sucht die Spur des Weibchens und setzt aufs neue hinter ihm her.

Ein Weilchen ist es still am Bache. Die Eisvögel streichen mit scharfem Ruf über ihn hin, Finken und Ammern kommen und tränken sich, die Kuhstelze trippelt an ihm entlang und springt nach Fliegen, und hastig schießen die Wasserwanzen auf ihm hin und her. Da taucht eine Spitzmaus in ihm auf und noch eine, das Männchen und das Weibchen. Sie scheinen sich inzwischen geeinigt zu haben. Zärtlich zwitschernd rudern sie auf der Oberfläche umher. Ab und zu taucht die eine oder die andere unter und vertauscht ihre schwarze Färbung mit einer silberweißen, weil das dichte, feine Haarkleid eine Menge Luft mit unter das Wasser nimmt. Zu sonderbar sieht es aus, wenn sie so auf dem Grunde des Baches umherrennt und bald mit einer Köcherfliegenlarve, bald mit einem Stichlinge zwischen den nadelscharfen Zähnchen am Ufer auftaucht und gierig zwitschernd die Beute verzehrt.

Kaum ist sie damit fertig, so geht es wieder auf die Jagd. In unaufhörlicher Bewegung ist das spitze Rüsselchen. Unter jedes Blatt, hinter jeden Halm, über allen Moospolstern schnüffelt es herum. Jetzt ist ein großer Fang gemacht: Eine junge Zwergmaus tolpatscht der Spitzmaus gerade entgegen. Sofort ist sie an der Kehle gefaßt. Sie quietscht jämmerlich und hampelt und strampelt heftig. Aber nun ergibt sie sich und wird hinter den breiten Vorhang aus Lebermoos gezerrt, der hier den Spitzmauspaß überwölbt. Flugs begibt sich auch das Spitzmausweibchen dahin, und nun kommt es trotz der heißen Liebe zu einer bitterbösen

Beißerei, denn der erste und oberste Spitzmausgrundsatz lautet: Selber essen macht fett.

Mißmutig pfeifend schlüpft das Weibchen von dannen, von dem Zaunkönig mit großem Gezeter begrüßt, denn er traut den Spitzmäusen nichts Gutes zu. Er hat auch recht, denn nestjunge Vögelchen sind vor ihnen nicht sicher. Aber die gibt es nicht alle Tage. So muß denn erst ein feister Grashüpfer daran glauben, und dann kommt eine große Wasserjungfer an die Reihe. Sie krümmt sich gewaltig und rasselt vor Angst mit den Flügeln. Einige Augenblicke später ist aber nicht viel mehr von ihr übrig, und der Bach entführt ihre silbernen Schwingen. Auch ein Maikäfer, der in das Wasser hineinschnurrte, teilt ihr Schicksal. Nur die dürren Wasserläufer bleiben verschont; es ist zu wenig an ihnen daran. Auch um die Taumelkäfer kümmert sich die Spitzmaus nicht; sie stinken ihr doch zu sehr.

Auf der anderen Seite des Baches liegt eine Viehkoppel, und darin ist ein Tränketeich, zur Hälfte mit Laichkraut bewachsen. Dort geht es noch lustiger zu als in dem Bache, denn da treibt eine Spitzmausmutter mit ihren vier halbwüchsigen Jungen ihr Wesen. Das ist ein Gekribbel und Gekrabbel, ein Geplumpse und Geplansche und ein unaufhörliches Getrippel und Getrappel und ein fortwährendes Zwitschern und Piepsen. Bald hier, bald da wuselt eins der Jungen über die ledrigen Laichkrautblätter oder paddelt in dem freien Wasser umher oder rennt am Ufer entlang, Angst und Schrecken unter den Uferwanzen verbreitend, die nach allen Seiten von dannen hüpfen. Jetzt rennen alle Jungen dahin, wo die Alte eben rief. Sie hat eine lange, dicke Schwimmkäferlarve aus dem Teiche herausgeholt, die sich fürchterlich wehrt und ihre gefährlichen Giftzangen drohend spreizt. Aber die Spitzmaus zermalmt ihr den Kopf, die Jungen zerfleischen ihr den Leib und rächen die Kaulquappen, die dem Giftwurm zum Opfer fielen.

Gleich darauf glückt der Alten noch ein besserer Fang. Eine große grüne Heuschrecke, die eben einen Weißling griff, sprang zu kurz und fiel in das Moos. Aus ist es mit ihr, denn sofort packte die Spitzmaus zu. Ein wahrer Festschmaus ist das für die vier Jungen, denn die Heuschrecke ist dick und feist. Im Umsehen ist sie zerpflückt, und nur die dürren Beine, die Flügel und die Fühler bleiben von ihr übrig. Aber die Jungen sind noch lange nicht satt und wimmeln eilfertig bald zwischen den Binsen und dem Heidkraute, bald auf dem Laichkraut oder in dem Weidenbusche umher oder tauchen der Alten nach, die alle Augenblicke mit neuer Beute hervorkommt und sie den Jungen zur Hälfte überläßt, um sofort wieder auf Jagd zu gehen.

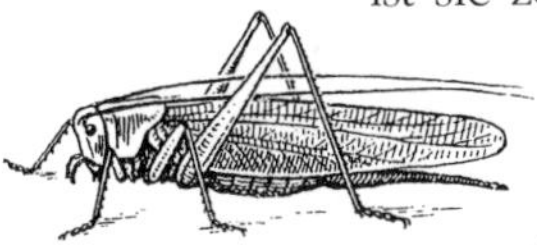

So geht es von früh bis spät, und auch in der Nacht sind die Spitzmäuse im Gange, gerade als ob sie keinen Schlaf nötig hätten. Und auch im Winter, wenn Randeis den Bach einengt, stöbern sie Tag und Nacht nach Beute umher. So leicht ist dann die Ernährung nicht wie in der besseren Zeit; es fehlen die Heuhüpfer, die Raupen und Regenwürmer; Schnecken, Köcherfliegenlarven und im Moose versteckt schlafende Käfer und ab und zu ein Stichling oder eine Elritze sind alles, was sich erbeuten läßt, oder ein Pferdeegel. Um diese Zeit ist die Wasserspitzmaus beinahe nur Fischerin.

Kommt aber die schöne Zeit wieder, dann jagt sie ebensoviel auf dem Lande, auf dem sie ebenso gut Bescheid weiß wie unten im Bache oder auf dem Grunde des Teiches.

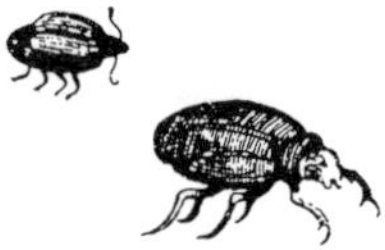

FRIEDRICH THEODOR VISCHER

Mein Kätzlein

Klagelied

Man fand dich fern vom warmen Hause,
Bedrängt von Schnee und eis'gem Wind,
Trug dich zu meiner stillen Klause,
Verirrtes armes Katzenkind.

Du schriest und klagtest in dem neuen
Unheimlich bücherreichen Ort,
Doch bald verschwand dein wildes Scheuen,
Du fühltest dich in sichrem Hort.

Trafst du doch einen biedern Kater
Im Haus des unbekannten Manns,
Und dich empfing fast wie ein Vater
Der muntre Rattenfänger Hans.

Du warst noch etwas unerzogen,
Vergingest dich in manchem Stück,
Doch führte, mütterlich gewogen,
Die Rike dich zur Pflicht zurück.

Das Spiel begann, ein lustig Jagen,
Ein Wettkampf in verwegnem Sprung,
Ein Raufen, Purzeln, Überschlagen,
Mit welcher Grazie, welchem Schwung!

Und kam der Herr, dich sanft zu streicheln,
Wie sprangst du gern auf seinen Arm
Und riebst mit Schnurren und mit Schmeicheln
An ihm dein Pelzchen, zart und warm.

Du dientest mir zu allen Stunden
Mit Arlecchino-Schelmerein,
Wie tief hast du die Pflicht empfunden,
Mein dankbarer Hanswurst zu sein!

Nie war uns bang, die Witze gehen
Zum komischen Ballett dir aus,
Durch stete Fülle der Ideen
Belebtest du das ganze Haus.

Und wenn du endlich schlummern solltest,
Zogst du den Hund als Lager vor,
Du schmiegtest dich an ihn und nolltest
Im halben Schlaf an seinem Ohr.

Dein Anzug, elegant im Schnitte,
War blaugrau, mit Geschmack verziert,
Brust, Pfötchen, Antlitz bis zur Mitte
Mit Weiß symmetrisch dekoriert.

Doch was ist Schmuck? Die eignen Formen
Kann aller Aufputz nur erhöhn;
Gebildet wie nach griech'schen Normen –
Ich darf es sagen, du warst schön.

Die Nase fein, die Augen helle,
Zart rosenfarb der kleine Mund,
Jedwede Linie eine Welle
Und jede Regung weich und rund.

Da kam, von Teufeln angestiftet,
Ein Mäuschen her in einer Nacht –
Du fraßest es, es war vergiftet,
Und ach! dein Schicksal war vollbracht.

Nicht ganz; noch Höllenqualentage,
Brandschmerz und grimmen Durstes Pein
Durchlebtest du, und ohne Klage,
Dann schliefst du endlich lautlos ein.

Es suchen dich die alten Freunde
In jedem Winkel aus und ein,
Du warst der liebenden Gemeinde,
Was einst der Max dem Wallenstein.

Mag nur die Spötterwelt es wissen:
Du tust mir tief im Herzen leid,
So jäh, so graß herausgerissen
Aus deiner Jugend Heiterkeit.

Vor Hungertod konnt' ich dich wahren,
Nicht vor der rohen Menschheit Gift,
Es schützen keines Hauses Laren
Vor Mord, der in die Ferne trifft.

Ich trüge wahrlich noch viel eher
Manch eines Tiervergifters Tod.
Verzeih mir's Gott, sie geht mir näher,
Des armen Kätzleins Todesnot.

Und leb' ich nach dem Lärm hienieden
Noch fort auf einem stillen Stern,
Sei auch in Gnaden herbeschieden
Das Kätzlein zu dem alten Herrn.

JEAN-HENRI FABRE

Der Prozessionsspinner

Die Schafe des Viehhändlers Dindenaut folgten dem Hammel, den Panurge boshafterweise über Bord geworfen hatte; eines sprang dem andern nach ins Meer, »denn«, sagt Rabelais (im »Leben des Gargantua und Pantagruel«), »es liegt im Wesen, in der Natur des Schafes, dem dümmsten und unbegabtesten Tier auf Erden, immer dem ersten, dem vorangehenden zu folgen, wohin immer es auch gehen mag«. Die Raupe des Kiefernprozessionsspinners verhält sich, nicht aus Dummheit, sondern aus Naturnotwendigkeit, noch schafsmäßiger: Dahin, wo die erste gegangen ist, folgen auch alle anderen, in regelmäßigem Zuge, ohne leeren Zwischenraum.

Sie wandern in Einerkolonne, als ein zusammenhängendes Band, jede Raupe berührt mit dem Kopf das Ende der vorangehenden. Die verschiedenen Windungen, welche die den Reigen eröffnende Raupe, ganz nach ihrer Laune, beschreibt, machen die anderen gewissenhaft mit. Der Zug zu den antiken Festen in Eleusis konnte sich nicht in besserer Ordnung vollziehen. Das erklärt den Namen Prozessionsspinner, den man diesen Nagern an den Kiefern verliehen hat.

Eine weitere Eigentümlichkeit bildet seine lebenslängliche Seiltänzerei: Er wandert nämlich sozusagen immer auf einem gespannten Seil, einer seidenen Schiene, die vorweg, während seines Wanderns, gelegt wird. Die Raupe, die der Zufall an die Spitze des Zuges verschlagen hat, verspinnt ununterbrochen einen aus ihrem Munde hervorquellenden Faden und heftet ihn auf den Boden, überall dort, wo hinzugehen es ihr einfällt. Er ist so fein, daß man ihn selbst mit einer Lupe eher mutmaßen als sehen kann.

Aber die zweite Raupe, die diesen zarten Steg betritt, verdoppelt ihn bereits, und die dritte verdreifacht ihn; und alle anderen, so viele als ihrer auch sein mögen, kleben, leimen aus ihren Spinndrüsen den Strahl darauf, so daß, wenn die Prozession vorüber ist, als zurückbleibende Spur ein schmales weißes Band in der Sonne glänzt. Prunkliebender als wir es sind, belegen sie ihre Straßen mit Seide statt mit Asphalt. Wir beschütten unsere Straßen mit Steinen und walzen sie mit schweren Maschinen glatt; sie aber verfertigen eine feine Schiene aus Satin, zu der eine jede von ihnen ihren Faden beisteuert.

Wozu aber dieser Aufwand? Könnten nicht auch sie, wie andere Raupen, ohne solch kostspielige Anordnungen ihres Weges gehen? Diese Art ihrer Fortbewegung führe ich auf zwei Gründe zurück. Die Kiefernprozessionsspinner fressen des Nachts die Nadeln der Kiefern. In tiefster Dunkelheit verlassen sie das auf der Spitze eines Astes liegende Nest; sie steigen die entblätterte, kahle Achse abwärts bis zum nächsten noch nicht abgefressenen Zweig, und so immer weiter und weiter abwärts nach

Maßgabe der kahlgefressenen Stockwerke; dann steigen sie an einem noch unberührten Zweig wieder empor und verteilen sich in den grünen Nadeln.

Nachdem die Mahlzeit beendet ist, handelt es sich darum, bei nächtlicher Kälte in den Schutz der Behausung zurückzukehren. In der Luftlinie gemessen, wäre die Entfernung nicht groß, kaum von Armeslänge, doch die Fußgänger können sie nicht überbrücken. Sie müssen von einer Abzweigung zur andern, von der Nadel zum Zweiglein, vom Zweiglein zum Zweig, vom Zweig zum Ast hinabsteigen und von dem wieder, auf einem nicht minder gewundenen Pfad empor bis zum heimischen Herd. Auf diesem langen und wechselvollen Weg kann man sich auf das Auge nicht mehr verlassen. Wohl hat der Kiefernprozessionsspinner zu beiden Seiten des Kopfes fünf Augenpunkte, aber so winzig, so schwer unter der Lupe zu erkennen, daß man ihnen keine große Sehkraft zutrauen kann. Was sollen im übrigen auch diese Linsen für Kurzsichtige nützen bei völligem Fehlen von Licht inmitten der finsteren Nacht?

Auch der Geruchssinn hilft da nichts. Besitzt

der Kieferprozessionsspinner überhaupt einen solchen? Ich weiß es nicht. Ohne eine endgültige Entscheidung über diese Frage treffen zu wollen, kann ich auf jeden Fall behaupten, daß sein Geruchssinn sehr wenig ausgebildet und keinesfalls geeignet ist, ihn zu leiten. Dafür zeugen einige Ausgehungerte in meinen Versuchen, die nach langem Fasten ohne irgendein Anzeichen des Begehrens und Verweilenwollens ganz dicht an einem Kiefernzweig vorbeigehen.

Es ist das Tastgefühl, das sie aufklärt. Solange der Weideplatz nicht zufällig mit den Lippen berührt wird, solange sie nicht zufällig darauf stoßen, setzte sich keiner an den Tisch, mag der Heißhunger noch so groß sein. Sie werden nicht durch den Geruch der Nahrung angezogen; sie benagen einfach den Zweig, den sie auf ihrem Weg finden.

Auge und Geruchssinn ausgeschaltet, was bleibt, um sie zurück zum Nest zu führen? Es bleibt der Faden, den sie unterwegs gesponnen haben. Im Labyrinth von Kreta wäre Theseus verloren gewesen ohne Ariadnes klassischen Garnknäuel. Der endlose Wirrwarr von Kiefernadeln ist, besonders nachts, ein ebenso unentwirrbares Labyrinth wie jenes von Minos. Der Kiefernprozessionsspinner bewegt sich darin mit Hilfe seines Seidenfädchens in voller Sicherheit. Wenn es Zeit ist heimzukehren, findet jede Raupe entweder ihren eigenen Faden wieder oder irgendeinen der Nachbarschaft, wie sie von der weidenden Herde fächerartig ausgebreitet worden sind. Auf diese Weise, von Ort zu Ort, vereinigt sich die verstreute Sippe wieder auf dem gemeinsamen Straßenband, das seinen Ursprung im Nest hat, und auf diese Weise kehrt die gesättigte Karawane mit unfehlbarer Sicherheit wieder an ihren Stammsitz zurück.

AL-QAZWINI

Der Phönix

Dieser hat unter den Vögeln die mächtigste Gestalt und den größten Körper. Er reißt den Elefanten und den Wasserbüffel, so wie die Gabelweihe die Maus reißt. Es wird berichtet, daß er in alten Zeiten unter den Menschen weilte. Die Menschen aber litten unter seinen Vergehen – so lange, bis er eines Tages eine geschmückte Braut raubte. Da verfluchte ihn der Prophet Hanzalah – Friede sei mit ihm! Und Gott nahm ihn hinweg zu einer Insel im Ozean unterhalb des Äquators, zu der die Menschen nicht gelangen konnten. Es gab dort viele Tiere, wie den Elefanten, das Nashorn und den Wasserbüffel, den Tiger und die wilden Raubtiere. Der Phönix erjagte keines von ihnen, da sie unter seiner Herrschaft standen. Wenn er aber etwas anderes erjagte, aß er davon und ließ den Rest für die Tiere, die unter seiner Herrschaft standen. Er jagte nur Elefanten, große Fische oder Seeungeheuer, und wenn er fertig gegessen hatte, stieg er hinauf zu seinem Wohnplatz und ließ den Rest für die Tiere frei, welche unter seiner Herrschaft standen, und diese ergötzten sich an ihrem Essen.

Wenn der Phönix fliegt, hört man von seinen Flügeln das Rauschen des Sturzbaches und das Geräusch der Bäume beim Wehen des Sturmwindes.

Es wird berichtet, daß die Lebenszeit des Phönix eintausendsiebenhundert Jahre beträgt. Er paart sich, wenn er fünfhundert Jahre geworden ist. Wenn die Zeit des Eierlegens gekommen ist, empfindet das Weibchen dadurch heftige Schmerzen. Dann bringt das Männchen Meereswasser in seinem Schnabel und gibt es ihr ein, und das Ei tritt mit Leichtigkeit aus. Das Männchen bebrütet das Ei, und das Weibchen geht auf die Jagd aus. Nach fünfundzwanzig Jahren ist das Ei ausgebrütet. Wenn nun das Junge groß wird und ein Weibchen ist, sammelt der weibliche Phönix viel Feuerholz. Dann reibt das Männchen seinen Schnabel so lange am Schnabel des Weibchens, bis dadurch ein Feuer entfacht wird. Er setzt das Feuerholz in

Brand, und das Weibchen tritt unter das Feuer, bis es verbrannt ist. Das Junge ist dann die Gattin des Männchens. Wenn das Junge aber ein Männchen ist, dann tut der männliche Phönix, was der weibliche getan hat, und das Junge wird dann der Gatte des Weibchens.

Es wird viel über den Phönix berichtet. Weil es jedoch keine Überliefererkette gibt, die auf einen zuverlässigen Informanten zurückgeht, stützen wir uns auf das oben Gesagte – und Gott verhilft dem Richtigen zum Erfolg.

HERMANN HESSE

Das Nachtpfauenauge

Mein Gast und Freund Heinrich Mohr war von seinem Abendspaziergang heimgekehrt und saß nun bei mir im Studierzimmer, noch beim letzten Tageslicht. Vor den Fenstern lag weit hinaus der bleiche See, scharf vom hügeligen Ufer gesäumt. Wir sprachen, da eben mein kleiner Sohn uns gute Nacht gesagt hatte, von Kindern und von Kindererinnerungen.

»Seit ich Kinder habe«, sagte ich, »ist schon manche Liebhaberei der eigenen Knabenzeit wieder bei mir lebendig geworden. Seit einem Jahr etwa habe ich sogar wieder eine Schmetterlingssammlung angefangen. Willst du sie sehen?«

Er bat darum, und ich ging hinaus, um zwei oder drei von den leichten Pappkästen hereinzuholen. Als ich den ersten öffnete, merkten wir beide erst, wie dunkel es schon geworden war; man konnte kaum noch die Umrisse der aufgespannten Falter erkennen.

Ich griff zur Lampe und strich ein Zündholz an, und augenblicklich versank die Landschaft draußen, und die Fenster standen voll von undurchdringlichem Nachtblau.

Meine Schmetterlinge aber leuchteten in dem hellen Lampenlicht prächtig aus dem Kasten. Wir beugten uns darüber, betrachteten die schönfarbigen Gebilde und nannten ihre Namen.

»Das da ist ein gelbes Ordensband«, sagte ich, »lateinisch *fulminea*, das gilt hier für selten.«

Heinrich Mohr hatte vorsichtig einen der Schmetterlinge an seiner Nadel aus dem Kasten gezogen und betrachtete die Unterseite seiner Flügel.

»Merkwürdig«, sagte er, »kein Anblick weckt die Kindheitserinnerungen so stark in mir wie der von Schmetterlingen.«

Und, indem er den Falter wieder an seinen Ort ansteckte und den Kastendeckel schloß: »Genug davon!«

Er sagte es hart und rasch, als wären diese Erinnerungen ihm unlieb. Gleich darauf, da ich den Kasten weggetragen hatte und wieder hereinkam, lächelte er mit seinem braunen, schmalen Gesicht und bat um eine Zigarette.

»Du mußt mir's nicht übelnehmen«, sagte er dann, »wenn ich deine Sammlung nicht genauer angeschaut habe. Ich habe als Junge natürlich auch eine gehabt, aber leider habe ich mir selber die Erinnerung daran verdorben. Ich kann es dir ja erzählen, obwohl es eigentlich schmählich ist.«

Er zündete seine Zigarette über dem Lampenzylinder an, setzte den grünen Schirm auf die Lampe, so daß unsre Gesichter in Dämmerung sanken, und setzte sich auf das Gesimse des offenen Fensters, wo seine schlanke hagere Figur sich kaum von der Finsternis abhob. Und während ich eine Zigarette rauchte und draußen das hochtönige ferne Singen der Frösche die Nacht erfüllte, erzählte mein Freund das Folgende.

Das Schmetterlingssammeln fing ich mit acht oder neun Jahren an und trieb es anfangs ohne besonderen Eifer wie andre Spiele und Liebhabereien auch. Aber im zweiten Sommer, als ich etwa zehn Jahre alt war, da nahm dieser Sport mich ganz gefangen und wurde zu einer solchen Leidenschaft, daß man ihn mir mehrmals meinte verbieten zu müssen, da ich alles andere darüber vergaß und versäumte. War ich auf dem Falterfang, dann hörte ich keine Turmuhr schlagen, sei es zur Schule oder zum Mittagessen, und in den Ferien war ich oft, mit einem Stück Brot in der Botanisierbüchse, vom frühen Morgen bis zur Nacht draußen, ohne zu einer Mahlzeit heimzukommen.

Ich spüre etwas von dieser Leidenschaft noch jetzt manchmal, wenn ich besonders schöne Schmetterlinge sehe. Dann überfällt mich für Augenblicke wieder das namenlose, gierige Entzücken, das nur Kinder empfinden können, und mit dem ich als Knabe meinen ersten Schwalbenschwanz beschlich. Und dann fallen mir plötzlich ungezählte Augenblicke und Stunden der Kinderzeit ein, glühende Nachmittage in der trockenen, stark duftenden Heide, kühle Morgenstunden im Garten oder Abende an geheimnisvollen Waldrändern, wo ich mit meinem Netz auf der Lauer stand wie ein Schatzsucher und jeden

Augenblick auf die tollsten Überraschungen und Beglückungen gefaßt war. Und wenn ich dann einen schönen Falter sah, er brauchte nicht einmal besonders selten zu sein, wenn er auf einem Blumenstengel in der Sonne saß und die farbigen Flügel atmend auf und ab bewegte und mir die Jagdlust den Atem verschlug, wenn ich näher und näher schlich und jeden leuchtenden Farbenfleck und jede kristallene Flügelader und jedes feine braune Haar der Fühler sehen konnte, das war eine Spannung und Wonne, eine Mischung von zarter Freude mit wilder Begierde, die ich später im Leben selten mehr empfunden habe.

Meine Sammlung mußte ich, da meine Eltern arm waren und mir nichts dergleichen schenken konnten, in einer gewöhnlichen alten Kartonschachtel aufbewahren. Ich klebte runde Korkscheiben, aus Flaschenpfropfen geschnitten, auf den Boden, um die Nadeln hineinzustecken, und zwischen den zerknickten Pappdeckelwänden dieser Schachtel hegte ich meine Schätze. Anfangs zeigte ich gern und häufig meine Sammlung den Kameraden, aber andere hatten Holzkästen mit Glasdeckeln,

Raupenschachteln mit grünen Gazewänden und anderen Luxus, so daß ich mit meiner primitiven Einrichtung mich nicht eben brüsten konnte. Auch war mein Bedürfnis danach nicht groß, und ich gewöhnte mir an, sogar wichtige und aufregende Fänge zu verschweigen und die Beute nur meinen Schwestern zu zeigen. Einmal hatte ich den bei uns seltenen blauen Schillerfalter erbeutet und aufgespannt, und als er trocken war, trieb mich der Stolz, ihn doch wenigstens meinem Nachbarn zu zeigen, dem Sohn eines Lehrers, der überm Hof wohnte. Dieser Junge hatte das Laster der Tadellosigkeit, das bei Kindern doppelt unheimlich ist. Er besaß eine kleine unbedeutende Sammlung, die aber durch ihre Nettigkeit und exakte Erhaltung zu einem Juwel wurde. Er verstand sogar die seltene und schwierige Kunst, beschädigte und zerbrochene Falterflügel wieder zusammenzuleimen und war in jeder Hinsicht ein Musterknabe, weshalb ich ihn denn mit Neid und halber Bewunderung haßte.

Diesem jungen Idealknaben zeigte ich meinen Schillerfalter. Er begutachtete ihn fachmännisch, anerkannte seine Seltenheit und sprach ihm einen Barwert von etwa zwanzig

Pfennigen zu; denn der Knabe Emil wußte alle Sammelobjekte, zumal Briefmarken und Schmetterlinge, nach ihrem Geldwert zu taxieren. Dann fing er aber an zu kritisieren, fand meinen Blauschiller schlecht aufgespannt, den rechten Fühler gebogen, den linken ausgestreckt, und entdeckte richtig auch noch einen Defekt, denn dem Falter fehlten zwei Beine. Ich schlug zwar diesen Mangel nicht hoch an, doch hatte mir der Nörgler die Freude an meinem Schiller einigermaßen verdorben, und ich habe ihm nie mehr meine Beute gezeigt.

Zwei Jahre später, wir waren schon große Buben, aber meine Leidenschaft war noch in voller Blüte, verbreitete sich das Gerücht, jener Emil habe ein Nachtpfauenauge gefangen. Das war nun für mich weit aufregender als wenn ich heute höre, daß ein Freund von mir eine Million geerbt oder die verlorenen Bücher des Livius gefunden habe. Das Nachtpfauenauge hatte noch keiner von

uns gefangen, ich kannte es überhaupt nur aus der Abbildung eines alten Schmetterlingsbuches, das ich besaß und dessen mit der Hand kolorierte Kupfer unendlich viel schöner und eigentlich auch exakter waren als alle modernen Farbendrucke. Von allen Schmetterlingen, deren Namen ich kannte und die in meiner Schachtel noch fehlten, ersehnte ich keinen so glühend wie das Nachtpfauenauge. Oft hatte ich die Abbildung in meinem Buch betrachtet, und ein Kamerad hatte mir erzählt: Wenn der braune Falter an einem Baumstamm oder Felsen sitze und ein Vogel oder anderer Feind ihn angreifen wolle, so ziehe er nur die gefalteten dunkleren Vorderflügel auseinander und zeige die schönen Hinterflügel, deren große helle Augen so merkwürdig und unerwartet aussähen, daß der Vogel erschrecke und den Schmetterling in Ruhe lasse.

Dieses Wundertier sollte der langweilige Emil haben! Als ich es hörte, empfand ich im ersten Augenblick nur die Freude, endlich das seltene Tier zu Gesicht zu bekommen und eine brennende Neugierde darauf. Dann stellte sich freilich der Neid ein, und es schien mir schnöde zu sein, daß gerade dieser Langweiler und Mops den geheimnisvollen kostbaren Falter hatte erwischen müssen. Darum bezwang ich mich auch und tat ihm die Ehre nicht an, hinüberzugehen und mir seinen Fang zeigen zu lassen. Doch brachte ich meine Gedanken von der Sache nicht los, und am nächsten Tage, als das Gerücht sich in der Schule bestätigte, war ich sofort entschlossen, doch hinzugehen.

Nach Tisch, sobald ich vom Hause wegkonnte, lief ich über den Hof und in den dritten Stock des Nachbarhauses hinauf, wo neben Mägdekammern und Holzverschlägen der Lehrerssohn ein oft von mir beneidetes kleines Stübchen für sich allein bewohnen durfte. Niemand begegnete mir unterwegs, und als ich oben an die Kammertür klopfte, erhielt ich keine Antwort. Emil war nicht da, und als ich die Türklinke versuchte, fand ich den Eingang offen, den er sonst während seiner Abwesenheit peinlich verschloß. Ich trat ein, um das Tier doch wenigstens zu sehen, und nahm sofort die beiden großen Schachteln vor, in welchen Emil seine Sammlung verwahrte. In beiden suchte ich vergebens, bis mir einfiel, der Falter werde noch auf dem Spannbrett sein. Da fand ich ihn denn auch: die braunen Flügel mit schmalen

Papierstreifen überspannt, hing das Nachtpfauenauge am Brett, ich beugte mich darüber und sah alles aus nächster Nähe an, die behaarten hellbraunen Fühler, die eleganten und unendlich zart gefärbten Flügelränder, die feine wollige Behaarung am Innenrand der unteren Flügel. Nur gerade die Augen konnte ich nicht sehen, die waren vom Papierstreifen verdeckt.

Mit Herzklopfen gab ich der Versuchung nach, die Streifen loszumachen, und zog die Stecknadel heraus. Da sahen mich die vier großen merkwürdigen Augen an, weit schöner und wunderlicher als auf der Abbildung, und bei ihrem Anblick fühlte ich eine so unwiderstehliche Begierde nach dem Besitz des herrlichen Tieres, daß ich unbedenklich den ersten Diebstahl meines Lebens beging, indem ich sachte an der Nadel zog und den Schmetterling, der schon trocken war und die Form nicht verlor, in der hohlen Hand aus der Kammer trug. Dabei hatte ich kein Gefühl als das einer ungeheuren Befriedigung.

Das Tier in der rechten Hand verborgen, ging ich die Treppe hinab. Da hörte ich, daß von unten mir jemand entgegenkam, und in dieser Sekunde wurde mein Gewissen wach, ich wußte plötzlich, daß ich gestohlen hatte und ein gemeiner Kerl war, zugleich befiel mich eine ganz schreckliche Angst vor der Entdekkung, so daß ich instinktiv die Hand, die den Raub umschlossen hielt, in die Tasche meiner Jacke steckte. Langsam ging ich weiter, zitternd und mit einem kalten Gefühl von Verworfenheit und Schande, ging angstvoll an dem heraufkommenden Dienstmädchen vorbei und blieb an der Haustüre stehen, mit klopfendem Herzen und schwitzender Stirn, fassungslos und vor mir selbst erschrocken.

Alsbald wurde mir klar, daß ich den Falter nicht behalten könne und dürfe, daß ich ihn zurücktragen und alles nach Möglichkeit ungeschehen machen müsse. So kehrte ich denn, trotz aller Angst vor einer Begegnung und Entdeckung, schnell wieder um, sprang mit Eile die Stiege hinan und stand eine Minute später wieder in Emils Kammer. Vorsichtig zog ich die Hand aus der Tasche und legte den Schmetterling auf den Tisch, und ehe ich ihn wieder sah, wußte ich das Unglück schon und war dem Weinen nah, denn das Nachtpfauenauge war zerstört. Es fehlte der rechte Vorderflügel und der rechte Fühler, und als ich den abgebrochenen Flügel vorsichtig aus der Tasche zu ziehen suchte, war er zerschlissen und an kein Flicken mehr zu denken.

Beinahe noch mehr als das Gefühl des Diebstahls peinigte mich nun der Anblick des schönen seltenen Tieres, das ich zerstört hatte. Ich sah an meinen Fingern den zarten braunen Flügelstaub hängen und den zerrissenen Flügel daliegen, und hätte jeden Besitz und jede Freude gern hingegeben, um ihn wieder ganz zu wissen.

Traurig ging ich nach Hause und saß den ganzen Nachmittag in unsrem kleinen Garten, bis ich in der Dämmerung den Mut fand, meiner Mutter alles zu erzählen. Ich merkte wohl, wie sie erschrak und traurig wurde, aber sie mochte fühlen, daß schon dies Geständnis mich mehr gekostet habe als die Erduldung jeder Strafe.

»Du mußt zum Emil hinübergehen«, sagte

sie bestimmt, »und es ihm selber sagen. Das ist das einzige, was du tun kannst, und ehe das nicht geschehen ist, kann ich dir nicht verzeihen. Du kannst ihm anbieten, daß er sich etwas von deinen Sachen aussucht, als Ersatz, und du mußt ihn bitten, daß er dir verzeiht.«

Das wäre mir nun bei jedem anderen Kameraden leichter gefallen als bei dem Musterknaben. Ich fühlte im voraus genau, daß er mich nicht verstehen und mir womöglich gar nicht glauben würde, und es wurde Abend und beinahe Nacht, ohne daß ich hinzugehen vermochte. Da fand mich meine Mutter unten im Hausgang und sagte leise: »Es muß heut noch sein, geh jetzt!«

Und da ging ich hinüber und fragte im untern Stock nach Emil, er kam und erzählte sofort, es habe ihm jemand das Nachtpfauenauge kaputt gemacht, er wisse nicht, ob ein schlechter Kerl oder vielleicht ein Vogel oder die Katze, und ich bat ihn, mit mir hinaufzugehen und es mir zu zeigen. Wir gingen hinauf, er schloß die Kammertür auf und zündete eine Kerze an, und ich sah auf dem Spannbrett den verdorbenen Falter liegen. Ich sah, daß er daran gearbeitet hatte, ihn wiederherzustellen, der kaputte Flügel war sorgfältig ausgebreitet und auf ein feuchtes Fließpapier gelegt, aber er war unheilbar, und der Fühler fehlte ja auch.

Nun sagte ich, daß ich es gewesen sei, und versuchte zu erzählen und zu erklären.

Da pfiff Emil, statt wild zu werden und mich anzuschreien, leise durch die Zähne, sah mich eine ganze Weile still an und sagte dann: »So so, also so einer bist du!«

Ich bot ihm alle meine Spielsachen an, und als er kühl blieb und mich immer noch verächtlich ansah, bot ich ihm meine ganze Schmetterlingssammlung an. Er sagte aber:

»Danke schön, ich kenne deine Sammlung schon. Man hat ja heut wieder sehen können, wie du mit Schmetterlingen umgehst.«

In diesem Augenblick fehlte nicht viel, so wäre ich ihm an die Gurgel gesprungen. Es war nichts zu machen, ich war und blieb ein Schuft, und Emil stand kühl in verächtlicher Gerechtigkeit vor mir wie die Weltordnung. Er schimpfte nicht einmal, er sah mich nur an und verachtete mich.

Da sah ich zum erstenmal, daß man nichts wiedergutmachen kann, was einmal verdorben ist. Ich ging weg und war froh, daß die Mutter mich nicht ausfragte, sondern mir einen Kuß gab und mich in Ruhe ließ. Ich sollte zu Bett gehen, es war schon spät für mich. Vorher aber holte ich heimlich im Eßzimmer die große braune Schachtel, stellte sie aufs Bett und machte sie im Dunkeln auf. Und dann nahm ich die Schmetterlinge heraus, einen nach dem andern, und drückte sie mit den Fingern zu Staub und Fetzen.

GEORG BRITTING

Der Hahn

Zornkamm, Gockel, Körnerschlinger,
Federnschwinger, roter Ritter,
Blaugeschwänzter Sporenträger,
Eitles, prunkendes Gewitter
Steht er funkelnd auf dem Mist,
Der erfahrne Würmerjäger,
Sausend schneller Schnabelschläger,
Königlich noch im Vergeuden,
Wenn er lässig-stolz verschenkt
Den Wurm, den er empor geschwenkt.

Und nun spannt er seine Kehle,
Schwellt die Brust im Zorn:
Schallend tönt das Räuberhorn.
Daß er keinen Ton verfehle,
Übt er noch einmal von vorn.

Hühnervolk, das ihn umwandelt,
Wenn er es auch schlecht behandelt,
Lauscht verzaubert seinem Wort.
Wenn sein Feuerblick rot blendet,
Keines wendet sich dann fort,
Denn er ist der Herr und Mann,
Der an ihnen sich verschwendet
Und die Lust vergeben kann.

Und, sie habens oft erfahren,
Die um ihn versammelt waren:
Goldner Brust, der Liedersinger,
Ist der mächtige Morgenbringer,
Der selbst dem Gestirn befiehlt.
Wenn er seine Mähne schüttelt
Und schreit seinen Schrei hinaus,
Der am Nachtgewölbe rüttelt,
Steigt die Sonne übers Haus.

H. D. THOREAU

Das Eichhörnchen

Gewöhnlich weckte mich morgens das rote Eichhörnchen, indem es über das Dach und an den Wänden des Hauses auf und ab lief, als ob es eigens zu diesem Zweck aus dem Wald hergeschickt worden wäre. Im Verlauf des Winters warf ich einen halben Scheffel Korn, welches nicht reif geworden war, auf die Schneekruste vor meiner Tür und amüsierte mich damit, das Benehmen der verschiedenen Tiere, welche dadurch angelockt wurden, zu beobachten. In der Dämmerung und bei Nacht kamen die Kaninchen und ließen sich's wohlschmecken. Den ganzen Tag über kamen und gingen die roten Eichhörnchen und gewährten durch ihre Manöver viel Unterhaltung. Erst kam eines vorsichtig durch die Buscheichen heran, lief wie ein vom Wind gejagtes Blatt in Absätzen über die Schneekruste, dann mit erstaunlicher

Eile und Energieverschwendung ein paar Schritte herüber, wobei es mit einer Geschwindigkeit dahinfüßelte, als ob es um die Wette ginge. Dann lief es wieder ebenso viele Schritte hinüber, kam aber nie mehr als ein paar Schritte auf einmal näher. Plötzlich hielt es mit lächerlichem Ausdruck und der Dreingabe eines Purzelbaumes inne, als ob die Augen der ganzen Welt auf es gerichtet wären – denn alle Bewegungen des Eichhörnchens, selbst in den verborgensten Tiefen des Waldes, lassen, wie die einer Ballettänzerin, auf Zuschauer schließen. Es verschwendete mehr Zeit, als nötig gewesen wäre, die ganze Entfernung langsam abzugehen. Ich sah niemals ein Eichhörnchen langsam gehen. – Plötzlich war es unversehens auf dem Gipfel einer jungen Pechtanne, zog seine Uhr auf und schimpfte alle imaginären Zuschauer aus, schwätzte mit der ganzen Welt und hielt Monologe zu gleicher Zeit – aus welchem Grund, konnte ich nie entdecken, auch war derselbe ihm wohl selbst nicht bekannt. Endlich streckte es die Pfote nach einer Ähre aus, wählte sich eine, die ihm gerade zusagte, tanzte auf die gleiche unberechenbare trigonometrische Art bis auf den obersten

Stock des Holzhaufens unter meinem Fenster, wo es mir ins Gesicht sah und hier stundenlang sitzen blieb, während welcher Zeit es sich hie und da mit einer neuen Ähre versah. Anfänglich nagte es gefräßig daran, dann warf es die halbangefressenen Spitzen fort, endlich wurde es noch genäschiger, spielte mit seinem Futter und versuchte nur noch das Innere der Körner. Da fiel die Ähre, welche es mit einer Pfote über dem Stock balancierte und nur gleichgültig hielt, zu Boden. Nun sah es mit einem drolligen Ausdruck von Ungewißheit auf sie herunter, als ob es sie im Verdacht hätte, lebendig zu sein, und nicht wisse, ob es diese oder eine neue holen solle oder ob es sich davonmachen wolle. Bald dachte es an das Korn, bald lauschte es auf jedes Geräusch. So verschwendete das unverschämte kleine Wesen manche Ähre im Laufe des Vormittags, bis es schließlich eine recht lange und dicke, die um ein beträchtliches größer als es selber war, packte, sie gewandt balancierte und damit nach dem Wald abzog wie ein Tiger mit einem Büffel. Es bewegte sich dabei mit dem gleichen Zickzacklauf und häufigen Pausen, wobei es die Ähre schleppte und immer wieder fallen ließ, als ob sie ihm zu schwer wäre, jedenfalls entschlossen, seine Aufgabe durchzuführen. Es war ein ganz besonders leichtfertiger, närrischer Gesell! Schließlich zog es sich zu seinem Wohnort zurück und trug seine Last auf den Gipfel einer entfernten hohen Tanne. Später fand ich die Spitzen im Wald herum zerstreut.

Endlich kamen die Häher herbei, deren schrilles Geschrei lang vorher hörbar war. Schon aus weiter Entfernung kamen sie nur mit großer Vorsicht heran und flogen auf schleichende, verstohlene Art von Baum zu Baum, wobei sie die Kerne aufpickten, welche die Eichhörnchen fallen ließen. Dann setzten sie sich auf den Zweig einer Pechtanne und versuchten in der Geschwindigkeit eine Nuß zu schlucken, die für ihre Speiseröhre zu groß war und sie zu ersticken drohte. Nach großen Anstrengungen wurde sie ausgestoßen, und eine Stunde lang hackten sie mit dem Schnabel daran herum, um sie zu zerspalten. Das waren richtige Diebe, und ich hatte keinen Respekt vor ihnen. Die Eichhörnchen aber gingen, wenn im Anfang auch schüchtern, zu Werk, als ob sie nähmen, was ihnen von Rechts wegen gehörte.

Mittlerweile kamen auch die Meisen in Scharen herbei, pickten die Körner auf, welche die Eichhörnchen fallen gelassen hatten, flogen damit auf den nächsten Zweig und hämmerten, indem sie dieselben unter die Krallen legten, mit ihren kleinen Schnäbeln darauf los, als ob Insekten in der Rinde wären, bis sie für ihren engen Schlund genügend klein gemacht waren. Eine kleine Schar dieser Meisen kam täglich heran, um ihr Mittagessen aus meinem Holzstoß oder die Krümchen vor meiner Tür aufzupicken, unter leisem, zwitscherndem, lispelndem Singen, das sich anhörte wie das Klingen von Eiszapfen im Gras, dann wieder mit lustigem »Däh-däh-däh«; seltener, an frühlingswarmen Tagen, erklang es vom Walde her wie ein duftig-sommerliches »Plie-bie«. Sie wurden so zutraulich, daß sich schließlich einmal eine auf den Arm voll Holz setzte, welchen ich ins Haus trug, und an den Stöcken pickte. Während ich im Dorfgarten mit Hacken beschäftigt war, setzte sich einmal ein Spatz auf einen Augenblick auf meine Schulter, und ich fühlte, daß ich dadurch mehr ausgezeichnet wurde als durch irgendeine Epaulette, welche mir zu tragen vergönnt gewesen wäre. Auch die Eichhörnchen wurden zuletzt ganz zutraulich und stiegen gelegentlich über meinen Schuh, wenn das der nächste Weg war.

FABIO TOMBARI

Der Pinguin

Die Alken-Bai ist eine fast geradlinig verlaufende Küste mit hohen Felsterrassen. Wenn das Meer richtig grollt und tobt, dann werden die Wogen bisweilen bis zum vierten Treppenabsatz hinaufgepeitscht; die feuchten Winde schwärzen die Felsen, derweil die Meervögel sie stets von neuem mit ihren Exkrementen weißeln. Hier ist *Penguin City,* wie Herr Marlow diesen Ort richtigerweise genannt hat. Über eine Million Pinguine, Sturmvögel und Albatrosse bewohnen den langen Strand, der von pyramidenförmigen und konischen Nestern buchstäblich überdeckt ist. Dazwischen laufen kleine Straßen, die bis zehn Meilen ins Innere reichen und den enormen Verkehr dieser seltsamen Bewohner regeln.

Als unsere beiden Forscher zu diesem Strand hinabstiegen, wurden sie von der Sonne empfangen, die sich im Meer spiegelte, und von einem Schrei aus Hunderttausenden von Kehlen, der sich aus der Ferne wie das Geheul einer festlichen Menge, aus der Nähe aber wie der helle Schrei eines erschreckten Esels anhörte. Die jungen Pinguine ergriffen beim Herannahen der Hunde und der beiden Männer die Flucht und retteten sich Hals über Kopf ins Meer, derweil ihre Mütter auf ihren Eiern sitzenblieben, bewacht von ihren aufrecht neben dem Nest stehenden Ehemännern.

Von den Kleinen blieb nur ein einziger am Strand – ein sehr junger Pinguin, der aber doch schon den Abendanzug trug.

Langsam wich er zurück, während er die beiden Forscher neugierig musterte und auch die Hunde am Schlitten im Auge behielt. Herr Marlow wollte ihn unbedingt von nahem sehen, selbst um den Preis, ihn töten zu müssen; doch wollte er nicht schießen, um die andern, die brüteten, nicht aufzuschrecken.

So nahm Ole einen Kieselstein und schleuderte ihn nach dem Pinguin. Der Stein flog einen Handbreit neben diesem vorbei und rollte über den Sand. Der Kleine sprang dem Stein nach, faßte ihn mit dem Schnabel und brachte ihn zurück, um ihn sechs Schritte von den beiden Forschern abzulegen. Aber Ole ließ sich durch diese Einfalt nicht erweichen. Er nahm den Stein abermals auf und schleuderte ihn mit voller Wucht nach dem Kleinen, der ihn diesmal knapp neben seinem Kopf vorbeisausen hörte. Der Kleine drehte sich um und sah, wie der Kieselstein auf dem Wasser aufprallte. Dann rannte er zum Meer, schwamm dem Stein nach, tauchte und kehrte mit dem Kiesel im Schnabel zurück und legte ihn den beiden Männern vor die Füße. Ole lächelte und lud den Pinguin ein, sich zu nähern, doch der Kleine wagte es nicht.

Hierauf entfernte sich Ole von den Hunden und wiederholte seine Aufforderung an den Pinguin, der sich nun unter tiefen Verbeugungen etwas vorwagte. Schließlich gelang es dem jungen Mann, ihn mit einem Satz zu fassen und ihn unter seinen Pelz zu ziehen. Dann setzte er sich ab und begann mit ihm zu sprechen, gerade so wie mit einem Kinde, das man ein bißchen liebhaben möchte.

...In einem Moment, da Marlow es nicht sehen konnte, beugte er sich zu seinem Schützling hinunter und küßte ihn. Er roch zwar nach

Fisch, aber das kümmerte den jungen Mann wenig. »Ich werde dich Jip nennen«, sagte er und bemerkte, daß der Kleine Kratzwunden am Halse hatte und blutete.

Durch das Stillsitzen hatte Ole kalte Füße bekommen. Wie er aufstehen wollte, stellte er fest, daß der Pinguin in der Wärme des Pelzes eingeschlafen war. Sachte, sachte zog er den Pelz aus, wickelte den Kleinen darin ein, und um sich etwas Bewegung zu verschaffen, sprang er über den Strand und kletterte zur obersten Felsenterrasse hinauf...

Mittlerweile schlief der kleine Pinguin in der wohligen Wärme des Pelzes weiter. Er war, wie Ole richtig geraten hatte, ein junges Wesen, das erst vor wenigen Tagen sein Jünglingsgewand mit dem Frack und der weißen Weste der Erwachsenen vertauscht hatte. Seine Eltern waren auf offener See von einem Schwertwal zerrissen worden, und so war der Kleine von allen alten Pinguinen der Kolonie adoptiert worden. Wenn der Sommer kommt, versammeln sich die ausgewachsenen Pinguine zu gewichtigen Beratungen. Die Mütter bringen ihren Kindern das Schwimmen bei. Wer zuerst ist, bekommt als Preis von der Mutter ein

Fischlein. Auch der kleine Jip beteiligte sich an den Wettschwimmen, indem er sich unter die andern Jungen mischte; aber er gewann nie. Manchmal vetrauten ihm die Mütter seines Quartiers ihre noch unbefiederten Kleinen an, bevor sie sich an die Fischbänke heranmachten. Dann mußte Jip die Kleinen unterhalten und sie schwimmend auf dem Rücken tragen, damit sie nicht weinten. Während geraumer Zeit gehorchte Jip, lud sich alle Kücken auf und führte sie auf dem Meer spazieren. Aber plötzlich verleidete ihm dieses Spiel, und dann tauchte er ganz unter und ließ die Kücken einfach schwadern und schreien. Die Mütter kamen erschreckt herbeigeeilt, retteten ihre Jungen und verfolgten den kleinen Vagabunden bis ins Land hinein, um ihn zu beißen und zu kratzen. Gerade an diesem Morgen war es wieder so gewesen, und Jip trug am Hals noch die Zeichen der erlittenen Züchtigung.

Ole fand ihn, wie er ihn verlassen hatte: er lag auf dem Bauche im Pelz und schlief. – »Man sollte ihn mit einem Zeichen versehen«, sagte er zu Marlow, »sonst werden wir ihn mit den andern verwechseln.« Er dachte etwas nach und erinnerte sich, daß seine Frau ihm vor dem

Weggehen ein rotes Bändchen aus einem ihrer Nachthemden mit einem Silbermedaillon des heiligen Umbert um den Hals gelegt hatte. Es tat Ole leid, sich davon zu trennen, er nahm sich aber vor, es bei Verlassen der Bucht wieder mitzunehmen. So löste er es ab, steckte das Medaillon in die Tasche und legte das Band um den Hals des kleinen Pinguins, der kurz darauf stolz und glücklich zu seinen Gefährten zurückkehrte.

Nun bot sich den beiden Forschern eine höchst komische Szene. Alle noch ledigen Pinguindamen verliebten sich auf der Stelle in Jip und rannten auf ihn zu, Jip aber war noch viel zu klein, um verstehen zu können, was sie von ihm wollten. Da kam jauchzend eine alte, verwitwete Pinguinin daher, um vieles umfangreicher als alle andern, bemächtigte sich seiner mit Gewalt und trug ihn zu ihrem Nest, in das sie ihn mit wilden Schnabelhieben hineindrängte. Es war dies die erste Hochzeitszeremonie, und alle Pinguine vom Distrikt nahmen an dem Feste teil, indem ein jeder den Hochzeitern ein Geschenk darbrachte: Torf, Strohhalme, Möwenfedern, Sturmvogeleier. Ein besonders freigebiger zupfte sich Federn aus der

Brust und überreichte sie der Braut. Auch Ole sprang hinzu mit einer Flasche, öffnete mit Gewalt die Schnäbel der Brautleute und goß ihnen Whisky ein. Drauf gingen sie alle, paarweise, in einem wohlgeordneten Zug, Jip und die Braut voran, ins Theater auf den abgestuften Felsen. Wie gewohnt, trat der alte Tarabuso, eine Rohrdommel, auf, der, wer weiß auf welche Art, hierher verschlagen worden und mit seiner Gefährtin hiergeblieben war, nachdem er im Norden den Himmel verschlossen gefunden hatte. Er brüllte mit tiefer Stimme, und um sich beim Singen besser in Pose zu stellen, trat er ins Freie, damit ihn alle sehen konnten. – »Buh! u-prump!« – Dies war alles, was er konnte, aber die anspruchslosen Pinguine gaben sich für das wenige, das sie zu bezahlen hatten, damit zufrieden. Sie standen oben auf den Treppenabsätzen des Felsens in der üblichen Reihenfolge: die Eltern mit ihren Kleinen im Parterre, die brütenden Weibchen und anderen Erwachsenen auf den ersten Rängen und schlußendlich die in Mauserung begriffenen Jungen und die ledigen Weibchen auf den Proszeniumslogen. Bei den letzteren gab es etwelchen Freudenspektakel.

Vom Strand aus konnte Ole sehr gut seinen Pinguin mit dem roten Band erkennen. Er stand kerzengerade in der Mitte, vielleicht betrunken, seine alte, etwas zerknirschte Ehefrau an seiner Seite. Das Konzert des Tarabuso schien ihm zu gefallen, zumal er noch nie eine Nachtigall, einen Finken oder gar einen Schwan im Winterfluge hatte singen hören und selbst nur wie ein Esel schreien konnte.

Es kamen der Abend und die Mondnacht über das Meer: Alle Pinguine kehrten nach Hause zurück, ausgenommen das Brautpaar, das sich schwimmend entfernte, um auf den wiegenden Wellen zu schlafen. Währenddessen rannten alle, die am Hochzeitsfeste teilgenommen hatten, zum Nest und trugen die Geschenke wieder fort.

Am nächsten Morgen wurden Ole und Marlow durch die Schreie der Pinguine geweckt. Haltet den Dieb! Haltet den Dieb! Jip machte sich ein Vergnügen daraus, am lautesten zu zetern – es war sein gutes Recht, war doch er der Bestohlene! Ole lachte. Auch ohne Band hätte er ihn jetzt wiedererkannt. Er ging hin und nahm es ihm ab.

Aber o weh! Das Glück Jips wandelte sich. Sie

konnten ihn auf einmal alle nicht mehr ausstehen. Seine Frau pickte nach ihm und kümmerte sich nicht mehr um ihn. Er bekam keine Krebse mehr. Und wenn er den Tarabuso anhören wollte, mußte er sich auf der Galerie zwischen den Albatrossen und den Lunden einen Platz suchen.

In diesem Monat legte die Gattin ein Ei, das Jip den ganzen Tag zu bebrüten hatte. Um seiner Frau eine Überraschung zu bereiten, stieg er aus dem Nest und kam mit einem Kieselstein im Schnabel zurück, warf ihn hinein, und das Ei zersprang! Da war die Hölle los: Die Frau wurde zur Furie, der ganze Distrikt, der Strand und dessen Umgebung wurden von der Empörung erfaßt, und Jip hatte kaum Zeit, sich auf die Spitze des Felsens zu retten. Da stand er nun, ganz allein wie ein Einsiedler. Vergeblich versuchte Ole, ihn zu rufen: Jip hatte Angst und wollte nicht mehr hinuntersteigen. Da ging Ole zum Schlitten, löste etwas vom Halsband eines Hundes, kletterte auf den Felsen, packte den Kleinen, legte ihm das rote Band mit dem Messingtäfelchen um und brachte ihn hinunter.

Diesmal wurde der Kleine triumphal empfangen. Es erging ihm wie einem Ochsen, der eine Glocke angelegt erhält, oder einem mit einem Kragen geschmückten Zulukaffer: Die Ehefrau rannte hinzu, um ihn zu küssen, und alle alten Pinguine kamen daher, um ihm mit tiefen Verbeugungen ihre Ehrerbietung zu bezeugen.

»Du hast ihn zum Gouverneur der Bucht erhoben« – sagte Marlow. Ole schmunzelte. – »Ich habe ihn zum Großordensträger vom Roten Band ernannt« – entgegnete er lachend.

Es war der letzte Tag. Der Himmel hatte sich bedeckt. Die Luft war kalt und salzig. Abends bei Sonnenuntergang verließen sie die Bucht. Ole drehte sich noch einige Male nach dem Felsen um: alle Pinguine standen in Reih und Glied, ihre weißen Westen dem Meerwind zugekehrt und hörten dem tiefen Gebrüll des Tarabuso zu,

Er erkannte Jip mit dem roten Band in der vordersten Reihe. »Leb wohl, Jip!«

Jip verstand ihn und wollte ihm entgegeneilen, doch seine Frau hielt ihn an den Rockschößen seines Fracks zurück.

»Leb wohl, Kollege!« rief Marlow.

KONRAD VON MEGENBERG

Von dem Löwen

Leo ist der König aller anderen Tiere, wie Jacobus und Solinus sagen. Das Tier hat weder Falschheit noch irgendwelche betrügerische List an sich. Die Tapferkeit des Löwen bezeugt uns seine Stirn und sein Schwanz. Er ist von so hitziger Natur, daß man meinen könnte, er sei ständig krank oder fiebrig. Leaena ist das Weibchen des Löwen. Die bringt beim ersten Mal fünf Junge zur Welt, danach vier, beim dritten Mal drei, danach zwei und beim fünften Mal nur eins. Danach ist sie unfruchtbar. Sie hat nur zwei Zitzen mitten am Bauch unter der Brust, und die sind recht klein im Verhältnis zu ihrer Körpergröße. Der Grund ist, daß sie sehr wenig Milch hat, denn alle ihre Nahrung wird für die Glieder verbraucht. Augustinus sagt, wenn die Löwin die Jungen geboren hat, so schlafen die drei Tage, bis der Vater kommt. Der brüllt dann

gewaltig über ihnen und von dem Lärm werden sie erschreckt und erwachen. Der Löwe fürchtet den spitzen Stachel des Skorpions und flieht vor ihm als seinem Todfeind. Er fürchtet auch das Schütteln und Knarren der Wagenräder, aber noch mehr fürchtet er das Feuer. Solinus sagt, daß der Löwe nicht schnell zornig wird, es sei denn, er wird verwundet oder gereizt. Wenn er aber zornig wird, so zerreißt er den Übeltäter unverzüglich; den auf der Erde Liegenden tut er nichts. Auch Gefangene, die er findet, läßt er in Ruhe. Er tötet den Menschen nie aus freien Stücken, es sei denn, er hat großen Hunger. Adelinus sagt, wenn der Löwe schläft, halten seine Augen Wache. Wenn er geht, so verwischt er seine Fußstapfen mit dem Schwanz, damit ihn der Jäger nicht aufspüre. So sagt Plinius. Die

Löwen sind gegeneinander friedfertig und kämpfen nicht untereinander. Aristoteles sagt, der Löwe hebe sein Bein wie ein Hund, wenn er Harn läßt. Wenn er sein Maul aufmacht, so kommt ein übler Gestank heraus. Wenn er hungrig ist, zieht er mit seinem Schwanz einen großen Kreis auf dem Boden und brüllt laut und erschreckt andere Tiere und kein anderes Tier darf über den Kreis laufen. Er verschmäht die Nahrung vom Vortag und die Überreste seiner früheren Mahlzeit. Einige sagen, daß der Löwe an seinem eigenen Zorn stirbt, so hitzig werde er innerlich, wenn er übermäßig zürne. Der Löwe fängt gerne den Waldesel und haßt ihn von Natur aus. Ambrosius sagt, daß der Löwe, wenn er krank ist, einen Affen fängt und den frißt, um gesund zu werden. Wenn der Löwe Hundeblut trinkt, dann wird er gesund. Solinus und Plinius sagen, wenn der Löwe seinen Schwanz still hält, so ist er sanftmütig und friedfertig; aber das geschieht selten. Wenn er zu zürnen beginnt, so schlägt er mit dem Schwanz auf den Boden, und wenn dann der Zorn wächst, geißelt er sich selbst mit dem Schwanz auf seinem Rücken. Wenn er verletzt wird, so greift er sich, wenn er kann, denjenigen, der ihm den Schaden angetan hat, aus allen Leuten heraus und zerreißt ihn. Aber der auf ihn geschossen und ihn nicht verletzt hat, den wirft er zu Boden und bestraft ihn, aber er verletzt ihn nicht.

Plinius sagt, daß Löwenfleisch und ganz besonders das Löwenherz für die Menschen gut ist, die an zu großer Kälte leiden; sobald sie das Fleisch essen, werden sie heiß. Die Knochen der Löwen sind so hart, daß man Feuer daraus schlägt wie aus einem Kieselstein. Das Fett des Löwen hilft gegen Vergiftungen. Wenn sich ein Mensch mit Wein und Löwenfett einreibt, so vertreibt er alle Tiere und auch die Schlangen von sich. Das Fett des Löwen ist heißer als das Fett irgendeines anderen Tieres. Den Löwen befällt fast ständig das viertägige Fieber und dann begehrt er ganz besonders Affenfleisch, um gesund zu werden. Das Fett des Löwen, mit Rosenöl vermischt, schützt das Gesicht des Menschen vor Flecken und macht es hell und heilt es. Der Nacken des Löwen ist ein einziges Stück, aber das Nackenfleisch ist knorpelig, gerade so, als ob es aus einer Sehne bestehe, deshalb kann er auch seinen Kopf nicht bis zum Rücken hin bewegen. Alexander sagt, daß der

Löwe große Kraft in der Brust und in den Vorderfüßen und in dem Schwanz hat. Leon bedeutet auf Griechisch ein König, daher heißt das Tier Leo, denn es ist der König aller anderen Tiere. Der Löwe ist an dem vorderen Teil seines Körpers von heißer Natur und in dem hinteren Teil von kalter Natur; genauso ist auch die Sonne, wenn sie im Sternzeichen ist, das Löwe heißt. Aristoteles sagt, daß nur der Löwe kein Mark in seinen Knochen hat, außer in den Oberschenkelknochen. Deshalb sind seine Knochen härter als die Knochen irgendeines anderen Tiers, mit Ausnahme des Delphins. Das Eingeweide des Löwen gleicht dem eines Hundes. Der Löwe hat in manchen Sommern Fieber, aber im Winter ist er gesund. Er wird auch durch den Anblick des Menschen fiebrig.

PAUL EIPPER

Tausend Wacholderbäume hüten einen See

Schön ist es, einem Ziel entgegenzugehen; schön, bereits während der Reisevorbereitungen das Erstrebte planend zu genießen.

Aber mich lockt noch mehr die Überraschung; Entdeckerglück draußen in der Natur bedeutet mir die schönste aller Freuden. So fand ich einst ganz im verborgenen – »zufällig«, sagt man ja wohl – einen kleinen Waldsee, den tausend Wacholderbäume hüten, zerzauste Riesen und zierlich schlanke Nadelzwerge.

Dieser Weiher liegt tief eingebettet in einer Talsenke; er ist traumumsponnen und atmet dennoch. Buntestes Leben erfüllt ihn, eine üppig reiche Tier- und Pflanzenwelt. Der genaue Weg dorthin wird nicht verraten. Nur soviel: ich mußte weder ins Märchenland noch auf den Mond reisen; in einer Stunde und vier Minuten fuhr mich der Eilzug von Berlin bis an den Rand jenes Waldes. Sechs Kilometer Fußmarsch in sanfter Steigung zwischen Kiefernbäumen; Achtung, nun brauchen wir nur im richtigen Augenblick abzubiegen, um für die Menschenwelt zu verschwinden: Die Wildnis nimmt uns auf, eine wuchernde Vielfalt des Grünen.

Kümmern wir uns nicht mehr um Himmelsrichtung und Fußsteig; gehen wir ganz langsam und möglichst ohne Geräusch irgendwohin und schauen. Wir wollen mit den Augen schauen und mit dem Getast unserer Fingerspitzen; wir wollen tief Luft holen, oftmals stehenbleiben und lauschen, die Würze einatmen, die uns vom Boden her, von allen Seiten zuströmt. Ehe wir's uns versehen, sind wir jede Hast los und den hier so unnützen Zweckwillen. Wir schwingen ein in die Natur, gehören ganz einfach mit zum lebendigen Kosmos, der diese schöne Waldzelle füllt.

Fünf Zonen Wald staffeln sich allerorten übereinander: unten das dicht verflochtene Heidelbeergestrüpp, zu dem wir uns gerne niederbeugen, weil die blauen Früchte frisch gepflückt am besten schmecken. Darüber wuchert als zweite Schichtung der Farnenwald;

seine Fächerwedel reichen uns bis zur Hüfte, wogen im sanften Wind und färben sich schon spätsommerlich gelb, werden brandrot sein, sobald die Nachtfröste kommen.

Mit der Farnenregion wetteifern die Wacholder; aber sie wollen viel höher hinaus, und weil sie ihre Nasen temperamentvoll himmelwärts stemmen, gelingt es ihnen auch. Dunkelgrün, oft bläulich schimmernd in ihren schlanken Kegelpyramiden, zeigen sie sich als dritte der waagrechten Staffeln, wohin das Auge blickt, in Gruppen hier, als Einzelwesen dort, kapuzentragende Gnome, die im Sonnenschein sich nicht bewegen wollen. Festgewurzelt, so wie sie ihren Lustwandel während der Vollmondnacht beendeten, rasten sie nun in Nähe und Weite, dick von Figur der eine, dünn der andere, engbrüstig oder kugelrund. Manche sind abenteuerlich krumm geworden, recken einen Arm, ja beide Hände schräg zur Seite, und ihre braunen Äste winden sich wie verholzte Schlangen.

Gehen wir dennoch getrost heran zu solch einem wetterharten Heinzelmann, sehen wir unter sein Nadelkleid! Wohlschmeckende Schätze sind hier verborgen, die jungen, noch grünen Wacholderfrüchte des heurigen Sommers, die dunkelblauen vom Vorjahr und die eingeschrumpften braunen, die noch viel älter sind.

Über den Wacholdern steilt die vierte Waldzone empor: in üppigen Mänteln die Fichten, vereinzelt auch eine breit ausladende Buche, da und dort auf weißen Stämmen die windverspielten, hellgrünen Birken.

Mir scheint, der Fichtenbaum dieses Waldes mag nicht gerne einsam sein; überall fügen sich Gesellschaften zusammen. Acht oder zehn Fichten bilden einen Kreis, und wir müssen schon die bis zum Boden reichenden Zweiggirlanden hochheben, um in den Dämmersaal schlüpfen zu können. Kühl ist es hier und sehr heimelig, so recht der Unterschlupf für eine Rehmutter mit ihren Kindern, denke ich. Der Boden ist mit einem Teppich aus vielen roten Tannennadeln ausgelegt; die Wände sind gleichermaßen luftdurchlässig wie schalldämpfend und sichtverbergend.

Horch, da knackt es, und im gleichen Augenblick springen vier Rehe ab, wippen in schönen Sprüngen um die nächste Wacholdergruppe herum, sind schon aus unserer Sicht ver-

schwunden. – Weiter, dort an der alten Buche vorbei, deren Geäst hilfreiche Schirmhände ausbreitet über uns, Segen und Schutz nach allen Seiten! Auch die Buche selbst steht noch unter einem Schutz, denn viel höher als ihr höchster Zweig wuchtet die fünfte Waldzone empor: Riesenkiefern, schlanke Titanen, die erst vierzig Meter über dem Boden ihre lackgrünen Wipfel entfalten.

Welch ein Höhenunterschied! An meinem Fuß blüht violettrot ein winziges Büschel Heidekraut, wurzelt auf dem gleichen Grund, der auch die Kiefer himmelan schickte. Himmelan; oh, keine Pflanze reicht je hinauf ins hohe Firmament! Wir müssen den Sperber fragen, wie weit selbst eine Mammutkiefer entfernt ist von der Bläue des Himmels.

Ließ mich diese Überlegung stolpern? Nein, es ist ein Loch im Boden; der Sturm hat hier gehaust. Während ich vorsichtig weiterschreite, entdecke ich da und dort angeknickte, geneigte und umgeworfene Stämme; auch eine große Kiefer kam zu Fall, riß im Sturz den dicken Wurzelteller aus dem Grund, indes der Stamm zur Brücke wurde über den vor mir liegenden Taleinschnitt.

Behutsam kletterte ich hinab, so lautlos tastend, daß erst auf zwei Schritte Entfernung ein Wildkaninchen hochschnellt. Aber nun habe ich ganz die Richtung verloren; aufs Geratewohl geht's den nächsten Hang empor, einen dritten hinunter, und...

Kennen Sie das Gefühl der Überraschung, das uns wie angewurzelt plötzlich festhält, während wir vor Staunen Mund und Augen aufreißen müssen? Drunten auf der Talsohle zwischen den beiden Waldhängen erstreckt sich ein schmales, mit Sonnenkringeln überglänztes Gewässer, ein still ruhender See.

Stolz über die Entdeckung – das ist nicht der rechte Ausdruck: Dankbarkeit empfindet das Herz, Freude und Glück! Aber man möchte näher heran, möchte dicht zum Ufer kommen; man setzt Fuß vor Fuß, und plötzlich klatscht es hier, plumpst dort, überall zur gleichen Zeit: Dutzende von Fröschen sind ins Wasser gesprungen; der Mensch trieb sie zur jähen Flucht.

Ich setze mich fast schuldbedrückt auf den morschen Baumstumpf am Uferrand, verharre ganz still, sichte in der Reglosigkeit den Reichtum der neugewonnenen Eindrücke. Da vorn ist ja gar kein Wasser; den Seespiegel überspinnt eine weißlich-grüne Pflanzenhaut, millimetergroße Blättchen, eines neben dem andern. Ich weiß, man nennt das Wasserlinsen, Entengrün; in diesem Sonnenleuchten ist's ein fein gewirktes Schleiertuch über der Wassertiefe. Doch warum schlängelt sich dunkles Geäder kreuz und quer durch das helle Grün?

Nach einer halben Stunde löst sich mir das Rätsel. Ein dunkelglänzender, hübscher kleiner Kopf taucht auf, noch einer, viele zugleich;

schwarze Perlenaugen blicken umher, und vorsichtig schwimmen nun die Frösche wieder dem Ufer entgegen; patsch – eben ist einer aufs Trockene gehüpft, ein grasgrüner, zierlich blanker. Der lehmbraune Nachbar zögert noch, vielleicht bereitet ihm seine Massigkeit Mühe; doch als es zwei junge, gelbliche Frösche wagen, kommt auch er pumpend an Land. Und ehe ich recht begreife, ist das ganze Ufer besteckt von diesen Lurchen, die sichtlich Sonnenwärme genießen wollen. Noch immer schwimmen neue heran, schreiben ins helle Grün des Wasserlinsen-Teppichs ihre dunklen Zickzackspuren.

Schließlich wird alles wieder still. Ich sehe der roten Ameise zu, die über meine Schuhspitze klettert, und entdecke gar nicht weit davon einen metallisch glänzenden Mistkäfer. Er arbeitet an dem Häufchen Rehlosung, bemüht sich, daraus eine Kugel zu formen und als Nahrungsvorrat wegzuschaffen. Auch andere Käfer krabbeln am Boden, im Gezweig, über Steine; immerzu nehmen meine Augen neue Eindrücke auf.

Nur die Augen? Bleibt das Gehör untätig in dieser traumverlorenen Stille? Nein, gerade das

Schweigen löst sich auf in buntestem Tönen; ein Sonnenwind bewegt die Blätter zu melodisch feinem Säuseln; Mücken lärmen im Flug, und jetzt singt auch ein Frosch, rauh und zögernd noch; aber Antwort kommt von drüben, ein Terzett formt sich, ein schallender Chor.

Irgendwo hämmert es über mir in den Bäumen, recht bescheiden, aber ohne Unterlaß. Ich brauche ein paar Minuten, bis ich den kleinen Specht entdecke, Anfänger, Kind dieses Jahrgangs.

Zwei helle Schmetterlinge gaukeln über meinen Schultern, tanzen zur Seemitte und spielen in der besonnten Luft. »Sisisisi« – das ist die Meise; tief gurrend untermalt ihren fröhlichen Gesang das Rufen der Waldtaube. Und dann zucke ich schreckhaft zusammen: Ein Eichkater fegt polternd an der Kiefernborke herab; solcher Radau schmerzt, gehört nicht in dieses heimliche Seetal. Fort damit! Wie eine lodernde Flamme huscht der dicke Schwanzbusch des Eichhörnchens über den Erdboden, zieht schon wieder gipfelaufwärts, schwebt im Flugsprung von Ast zu Ast.

In der mittäglichen Wärme sind die Libellen

hungrig geworden; sie schießen mit verblüffenden Zickzackflügen durch die Luft, gleiten gekurvt über das Wasser und schnappen ihre Beute im Flug.

Wie viele Arten von Libellen sehe ich hier! Zierlich feine mit ganz dünnem Nadelleib, sepiabraune, schwarze, zinnoberrote. Alle haben sie gläsern durchsichtige Flügel, auch die schweren, dickköpfigen Räuberlibellen mit ihren gewaltigen Freßzangen, die unduldsam alles über den Haufen rennen, was ihre Flugbahn kreuzt. Ihre Leiber sind blau und schwarz gestreift, glänzen zuweilen smaragdgrün; aber selbst diese schimmernde Schönheit löst nicht das Drohen der Erscheinung.

Allmählich kenne ich nun den ganzen Umkreis meiner augenblicklichen Welt, obwohl ich noch keinen Schritt umhergelaufen bin. Urwald ist hier, ein von Menschen nicht gerodeter, nie aufgeräumter, wilder Wald. Die Pflanzen und Bäume wachsen, reifen und vergehen nach ihren eigenen Gesetzen; was altersmüde geworden ist, fällt und bleibt liegen, vermodert, wird zu nährender Humuserde. Dürres Geäst bedeckt an vielen Stellen den Boden; damit es nicht Skeletten ähnle, haben viele kleine Spinnen ihre Fäden drumgewebt zu einem schönen silbernen Hauchmuster.

Reisig und Tannennadeln breiten eine Polsterschicht über den Grund; aber sobald er ansteigt, sprießen Gräser aus der Erde, und dazwischen entdeckt mein Auge ganz feine Blättchen wilden Klees und blühendes Heidekraut. Glockenblumen läuten mit ihrer Bläue; wenn man genau hinsieht, findet man – gar nicht sehr verborgen – ein blühendes Veilchen im Sonnenglanz. Jetzt, an Sommers-Ende!

Warum wohl ist der eigentliche Uferpfad so völlig ohne Grün? Sieh dir die Bäume an; erkennst du an ihren Stämmen, ungefähr in Kniehöhe, den dunklen Streifen? Das ist die normale Wasserstandsmarke, bis hier reicht für gewöhnlich der Seespiegel, und nur die Trokkenheit dieses besonders heißen Sommers hat den Weiher derart zurücktreten lassen. Nun begreifen wir auch, warum da und dort mitten aus dem See, ebenfalls sechzig oder siebzig

Zentimeter hoch, Strünke aufragen, Reste von Bäumen, die abgefault sind in der Nässe. Das obere Ende dieser Stümpfe, das also selbst während der Regenzeit aus dem Seespiegel sticht, ist schon wieder zum Mutterboden geworden für eine junge grüne Welt. Gräser und Rispen wuchern dort in saftigen Büscheln; sie wollen es nicht wahrhaben, daß sie auf verlorenem Posten stehen, bilden prangende Inseln auf einem gestorbenen Baum.

Aber jetzt möchte ich doch den See umrunden, die gegenüberliegende Uferseite besuchen. Ob ich dadurch nicht die in der Sonne schlafenden Frösche hochschrecke?

Ich nehme ein kleines Reisigästchen auf, werfe es ins Wasser. Plumps – zwei der zunächst sitzenden Frösche stürzen im Kopfsprung nach, meinen wohl, das Ästchen sei ein ins Wasser gefallener Käfer, und schnappen nach dem dürren Holz. Ich wiederhole dieses Spiel längere Zeit, werfe bald nach links, bald nach rechts, erzeuge so eine nicht störende Unruhe und richte mich dabei allmählich auf, gehe behutsam Schritt um Schritt auf Wanderschaft.

Zuerst begegnet mir der Tod. Ich finde den linken Unterkiefer eines Rehs, das wohl im Winter hier am See gestorben ist. Von Insekten sauber abgenagt, liegt das schöne, gelbe Knochengebilde friedlich gebettet auf immergrünem Moos. Es soll so liegenbleiben, Ruhe haben, bis es zu Staub zerfällt.

Auch manche Birke, eine Buche und mehrere Fichten sehe ich laub- und nadellos; ein Zeichen, daß ihre Wurzeln im allzu feuchten Moorgrund erkrankten. Vielleicht wird schon der nächste Sturm den einen oder andern dieser Bäume knicken.

Gehen, verweilen, schauen, träumen! Mit jedem Schritt eröffnet sich uns eine neue Welt. Als ich mich drüben, wo das Ufer etwas steiler ist, schattenhungrig unter einen Busch legte, da sah ich durch einen Riß in der Wasserlinsendecke hinunter auf den kristallklaren Seegrund.

Wir wollen nicht botanische Ausdrücke gebrauchen, nichts erwähnen von der fleischfressenden Wasserschlauchpflanze, vom Nixenkraut. Die da unten wogen und fluten, wolkige, grüne Schleiergewebe: sie gehören zur Traumversponnenheit ebenso wie die langbeinigen

Wasserläufer, die tänzerisch und schwerelos über den Seespiegel huschen.

Doch näher und lieber ist mir die von Licht und Luft umhauchte Erdoberfläche; ich betrachte allerjüngste Wacholderpflänzchen, die erst in diesem Sommer vom Keim emporgestiegen sind, zunächst kaum einen Zentimeter, dabei blaugrün und noch sehr weich im Genadel; lieb, möchte man sagen.

Für sich allein erhellt ein winziges gelbes Blütchen den ganzen Umkreis des Erdbodens, so wie auch der Flötengesang eines fernen Vogels den großen, weiten Luftraum füllen kann und unser Menschenherz.

Habe ich schon erzählt, daß auf beiden Seiten dieser Waldsenke vielleicht tausend Wacholderbäume Wache halten? Zwerge nur gegenüber den Kiefern und Fichten, doch treue Wächter, mantelverhüllt und ernst. In ihrem Schutz ruhte ich, bis die Dämmerung des Abends den schönen Wandertag beschloß. Die Wacholder aber hüten immerzu den See und alles Leben; mögen sie mir auch ein andermal den Eintritt freigeben, zur frohen, baldigen Wiederkunft!

BARTHOLD HINRICH BROCKES

Die kleine Fliege

*Neulich sah ich, mit Ergetzen,
Eine kleine Fliege sich,
Auf ein Erlen-Blättchen setzen,
Deren Form verwunderlich
Von den Fingern der Natur,
So an Farb', als an Figur,
Und an bunten Glantz gebildet.
Es war ihr klein Köpfgen grün,
Und ihr Cörperchen vergüldet,
Ihrer klaren Flügel Par,
Wenn die Sonne sie beschien,
Färbt' ein Roth fast wie Rubin,
Das, indem es wandelbar,
Auch zuweilen bläulich war.
Liebster Gott! wie kann doch hier
Sich so mancher Farben Zier
Auf so kleinem Platz vereinen,
Und mit solchem Glantz vermählen,*

Daß sie wie Metallen scheinen!
Rief ich, mit vergnügter Seelen.
Wie so künstlich! fiel mir ein,
Müssen hier die kleinen Theile
In einander eingeschrenckt,
Durch einander hergelenckt,
Wunderbar verbunden seyn!
Zu dem Endzweck, daß der Schein
Unsrer Sonnen und ihr Licht,
Das so wunderbarlich-schön,
Und von uns sonst nicht zu sehn,
Unserm forschenden Gesicht
Sichtbar werd', und unser Sinn,
Von derselben Pracht gerühret,
Durch den Glantz zuletzt dahin
Aufgezogen und geführet,
Woraus selbst der Sonnen Pracht
Erst entsprungen, der die Welt,
Wie erschaffen, so erhält,
Und so herrlich zubereitet.
Hast du also, kleine Fliege,
Da ich mich an dir vergnüge,
Selbst zur Gottheit mich geleitet.

MARK TWAIN

Der gefoppte Eichelhäher

Als ich gerade anfing, die Hähersprache richtig zu verstehen, gab es hier einen kleinen Vorfall. Vor sieben Jahren war der letzte Mann in dieser Gegend außer mir weggezogen. Dort steht sein Haus – seither immer leer gewesen; ein Blockhaus mit Bretterdach – nur ein großer Raum und weiter nichts; keine Decke – nichts zwischen den Dachbalken und dem Fußboden. Na gut, eines Sonntagmorgens saß ich mit meiner Katze hier draußen vor der Hütte und sonnte mich, schaute zu den blauen Bergen und hörte zu, wie die Blätter so verlassen in den Bäumen raschelten, und dachte an die Heimat weit drüben in den Staaten, von der ich seit dreizehn Jahren nichts gehört hatte – als sich ein Eichelhäher auf dem Haus dort niederließ, eine Eichel im Schnabel, und sagte: »Hallo, ich glaube, ich hab was entdeckt.« Als er sprach, fiel ihm die Eichel aus dem Schnabel und rollte natürlich das Dach hinunter, aber er kümmerte sich nicht darum; sein ganzer Sinn war auf die Sache gerichtet, die er aufgespürt hatte. Es war ein Astloch im Dach. Er legte den Kopf auf die Seite, machte ein Auge zu und legte das andere an das Loch, wie ein Opossum, das in einen Krug schaut; dann blickte er mit seinen glänzenden Augen auf, schlug ein- oder zweimal mit den Flügeln – das bedeutet Befriedigung, wissen Sie – und sagte: »Es sieht aus wie ein Loch, es ist wie ein Loch gelegen – verdammt, ich glaube, das *ist* ein Loch!«

Dann senkte er den Kopf und riskierte noch einen Blick; diesmal sah er restlos glücklich auf, wackelte mit Flügeln und Schwanz gleichzeitig und sagte: »Oh, das ist wohl kein dicker Hund, was? Hab' ich ein Glück! – das ist doch ein maßlos schickes Loch!« Also flog er hinab, holte sich die Eichel und brachte sie hinauf, ließ sie hineinfallen und bog gerade mit einem restlos verklärten Lächeln auf dem Gesicht den Kopf zurück, als er plötzlich in lauschender Haltung erstarrte und das Lächeln allmählich aus seiner Miene schwand wie der Hauch von einem Rasiermesser und der seltsamste Ausdruck der

Überraschung an seine Stelle trat. Dann sagte er: »Nanu, ich habe sie nicht fallen gehört!« Er neigte das Auge wieder an das Loch und schaute lange hinein, richtete sich auf und schüttelte den Kopf, trat auf die andere Seite des Loches und schaute von da aus erneut hinein, schüttelte wieder den Kopf. Er überlegte eine Weile, dann ging er der Sache nach – lief immer wieder um das Loch herum und starrte aus jeder Himmelsrichtung hinein. Keinen Zweck. Nun nahm er auf dem Dachfirst Denkerstellung ein und kratzte sich eine Minute lang mit dem rechten Fuß den Hinterkopf und sagte schließlich: »Also, mir ist das zu hoch, das steht fest; muß ein lausig langes Loch sein; aber ich hab' keine Zeit, hier herumzutrödeln, die Arbeit ruft; ich denke, 's wird schon stimmen – will's jedenfalls hoffen.«

So flog er weg und holte noch eine Eichel, ließ sie hineinfallen und versuchte, das Auge schnell genug an das Loch zu bringen, um zu sehen, was aus ihr wurde, aber er kam zu spät. Er hielt das Auge fast eine Minute lang dran; dann richtete er sich auf und seufzte und sagte: »Verflixt, das begreif ich anscheinend nicht, überhaupt nicht; aber ich mach mich noch mal

drüber her.« Er holte eine neue Eichel und gab sich die größte Mühe, um zu sehen, was aus ihr wurde, aber er schaffte es nicht. Er sagte: »Also, *ich* hab so ein Loch noch nie erlebt; ich bin der Meinung, es ist eine völlig neue Art von Loch.« Dann fing er an, wild zu werden. Er hielt noch eine kurze Weile an sich, ging auf dem Dachfirst hin und her, schüttelte den Kopf und murmelte vor sich hin; aber bald überwältigten ihn seine Gefühle, und er ging durch und fluchte, bis er schwarz im Gesicht wurde. Ich habe noch nie einen Vogel gesehen, der wegen so einer Kleinigkeit soviel Wind gemacht hat. Als er damit fertig war, ging er zu dem Loch und schaute wieder eine halbe Minute lang hinein; dann sagte er: »Gut, du bist ein langes Loch und ein tiefes Loch und überhaupt ein mächtig komisches Loch – aber ich hab' nun mal angefangen, dich aufzufüllen, und verdammt will ich sein, wenn ich dich nicht ganz auffülle, und wenn's hundert Jahre dauert!«

Und damit zog er los. In Ihrem ganzen Leben haben Sie noch nie einen Vogel so arbeiten sehen. Er kniete sich in die Arbeit wie ein Nigger, und wie er an die zweieinhalb Stunden lang Eicheln in das Loch hievte, das war eines der aufregendsten und erstaunlichsten Schauspiele, das ich je erlebt habe. Er hielt überhaupt nicht mehr an, um nachzusehen – er hievte sie bloß hinein und holte mehr. Na, schließlich konnte er kaum noch mit den Flügeln schlagen, so fertig war er. Noch einmal kam er abgekämpft an, schwitzend wie ein Krug Eiswasser, ließ seine Eichel hineinfallen und sagte: »*Jetzt*, schätz ich, hab' ich dich aber doch kleingekriegt.« So bückte er sich, um nachzusehen. Ob Sie mir glauben oder nicht, als er den Kopf wieder hob, war er einfach bleich vor Wut. Er sagte: »Ich habe genug Eicheln hier reingeschaufelt, um die Familie dreißig Jahre lang zu ernähren, und wenn ich auch nur von einer davon ein Zeichen sehen kann, will ich binnen zwei Minuten mit dem Bauch voll Sägemehl im Museum landen!«

Er hatte gerade noch Kraft genug, um auf den First hinaufzukriechen und den Rücken gegen den Schornstein zu lehnen, und dann faßte er seine Eindrücke zusammen und fing an, sich alles von der Seele zu reden. In einer Sekunde hatte ich gemerkt, daß das, was ich in den Gruben fälschlich für Gefluche gehalten hatte, sozusagen nur die Grundbegriffe gewesen waren.

Ein anderer Häher kam vorbei und hörte seine Andachtsübungen und hielt an, um sich zu erkundigen, was los sei. Der Schwergeprüfte erzählte ihm den ganzen Fall und sagte: »Also, dort drüben ist das Loch, und wenn du mir nicht glaubst, dann geh hin und sieh selbst nach.« So ging dieser Kerl hin und sah nach und sagte: »Was hast du gesagt, wieviel hast du dort reingesteckt?« – »Bestimmt nicht weniger als zwei Tonnen«, sagte der Schwergeprüfte. Der andere Häher sah wieder nach. Er kam anscheinend nicht dahinter, deshalb machte er ein Geschrei, und es kamen noch drei Häher. Sie untersuchten alle das Loch, sie ließen alle den Schwergeprüften alles noch mal erzählen, dann besprachen sie alle die Sache und gaben ebenso viele verschrobene Ansichten darüber ab, wie es eine durchschnittliche Gruppe von Menschen getan hätte.

Sie riefen noch mehr Häher herzu; dann mehr und mehr, bis ziemlich bald die ganze Gegend einen blauen Schimmer anzunehmen schien. Es müssen fünftausend gewesen sein; und so ein Schwadronieren, Diskutieren, Streiten und Fluchen hat man noch nie gehört. Jeder Häher dieses ganzen Haufens legte das Auge an das Loch und gab eine unsinnigere Ansicht über das Geheimnis von sich als der Häher, der vor ihm hingegangen war. Sie untersuchten auch das ganze Haus. Die Tür stand halb offen, und schließlich stieß ein alter Häher zufällig auf sie und schaute hinein. Natürlich blies das das Rätsel auf der Stelle in den Wind. Da lagen die Eicheln, über den ganzen Fußboden verstreut. Er schlug mit den Flügeln und erhob ein Geschrei. »Kommt her«, sagte er, »kommt alle mal her; will tot umfallen, wenn dieser Trottel nicht versucht hat, ein Haus mit Eicheln anzufüllen!« Sie kamen alle wie eine blaue Wolke herabgestoßen, und immer wenn einer auf der Tür landete und einen Blick hineinwarf, gab ihm die ganze Absurdität der Aufgabe, die sich der erste Häher vorgenommen hatte, den Rest, und er fiel hintenüber und erstickte vor Lachen, und der nächste Häher kam dran, und ihm ging es genauso.

Na, eine Stunde lang hockten sie hier auf dem Hausdach und den Bäumen herum und lachten schallend über die Sache wie die Menschen. Es hat keinen Zweck, mir zu erzählen, daß der Eichelhäher keinen Sinn für Humor hat, denn ich weiß es besser. Und Gedächtnis hat er auch. Sie haben Häher aus den ganzen Vereinigten Staaten hergebracht, um ihnen das Loch zu zeigen, jeden Sommer, drei Jahre lang. Andere Vögel auch. Und sie haben alle die Pointe erfaßt, bloß eine Eule nicht, die aus Neuschottland gekommen war, um das Yosemite-Tal zu besuchen, und diese Sache auf dem Rückweg mitnahm. Sie sagte, sie könnte nichts komisch daran finden. Aber sie war ja auch über das Yosemite-Tal ziemlich enttäuscht.

LUIGI PIRANDELLO

Der Rabe von Mìzzaro

In den Felsen und Klüften von Mìzzaro entdeckten umherstreifende Hirten eines Tages einen dicken Raben, der in einem Nest saß und friedlich mit Brüten beschäftigt war.

»Oh, du alte Vogelscheuche, was machst du denn da? Da schaut her! Brüten tut er! Laß das deine Alte besorgen, du Dummkopf!«

Es ist anzunehmen, daß der Rabe seine guten Gründe vorbrachte; er schrie sie heraus, aber in Rabensprache; und natürlich verstand ihn kein Mensch. Die Hirten vergnügten sich einen ganzen Tag lang damit, ihn zu quälen; dann nahm ihn einer von ihnen mit ins Dorf hinunter; aber da er nicht wußte, was er mit ihm anfangen sollte, band er ihm am nächsten Tag ein Glöcklein um den Hals und setzte ihn wieder in Freiheit.

»Freu dich deines Lebens!«

Welchen Eindruck ihm das tönende Anhängsel machte, wird nur der Rabe gewußt haben, der es an seinem Hals ins Himmelsblau hinauftrug. Nach den weiten, luftigen Kreisen zu schließen, die er hoch in den Lüften zog, schien er beglückt zu sein und Weib und Nest vergessen zu haben.

»Din dindin din dindin…«

Die Bauern, die gebückt ihre Äcker bearbeiteten, reckten sich bei dem Geläute; sie wandten den Blick hierhin und dorthin, über die unendliche Ebene, die im Sonnenglast lag.

»Wo wird geläutet?«

Es wehte kein Lüftchen; von welchem fernen Kirchlein mochte das festliche Geläute bis zu ihnen kommen? Alles hätten sie sich vorstellen

können, nur nicht, daß ein Rabe, hoch in den Lüften schwebend, also läuten könnte.

»Geister!« dachte Ciché, der auf einem Felde ganz allein tiefe Gruben um die Mandelbäume grub, darin später Dünger versenkt werden sollte. Und er bekreuzte sich, denn er glaubte an Geister, und wie! Manchmal, wenn er abends spät von den Feldern kam, hatte er sich in der Nähe der verlassenen Kalköfen, dort, wo, wie alle wußten, die Geister hausen, rufen hören. Rufen, wie denn? Rufen: »Cichè! Cichè!« So. Und die Haare waren ihm zu Berge gestanden.

Nun hatte er dieses Geläute, erst von fern, dann ganz nah, dann wieder entfernter, gehört. Und ringsumher keine Menschenseele. Felder, Bäume und Pflanzen, die weder sprachen noch hörten und seinen Schrecken noch steigerten. Und als er dann sein Mittagsbrot holen wollte (ein halber Laib Brot und eine Zwiebel), das er morgens im Brotsack mitsamt der Jacke ein gut Stück weit weg an einen Olivenbaum gehängt hatte, da war wohl noch die Zwiebel vorhanden, im Sack, aber vom halben Laib Brot keine Spur mehr. Und in wenigen Tagen wiederholte sich das dreimal.

Er sprach mit keinem Menschen davon; denn er wußte: Wehe dem, der sich beklagt, wenn die Geister es auf ihn abgesehen haben: sie lauern ihm auf und treiben es noch schlimmer.

»Ich fühle mich nicht gut«, antwortete Cichè seiner Frau, die ihn abends fragte, warum er so verstört aussehe.

»Aber du magst doch essen«, bemerkte die Frau bald darauf, da er zwei und drei Schüsseln Suppe, eine nach der andern, in sich hineinlöffelte.

»Natürlich esse ich!« brummte Cichè, der seit dem Morgen nichts gegessen hatte, wütend, daß er sich ihr nicht mitteilen konnte.

Bis sich die Kunde von dem diebischen Raben, der mit einem Glöcklein läutend im Äther schwebte, in der ganzen Gegend verbreitete.

Hätte Cichè nur auch darüber lachen können wie all die andern Bauern, die der Rabe in Schrecken versetzt hatte.

»Du wirst mir zahlen!« rief er. »Ich schwöre es!«

Und was tat er? In seinem Brotsack nahm er außer dem halben Laib und der Zwiebel noch vier getrocknete Bohnen und vier Längen Bindfaden mit. Auf dem Gut angelangt, nahm er dem Esel den Halfter ab und ließ ihn am Abhang Stoppeln grasen. Mit seinem Esel pflegte Cichè sich nach Bauernart zu unterhalten; und der Esel, der bald dieses, bald jenes Ohr spitzte, schien zuzuhören und ab und zu schnaubend zu antworten.

»Geh, Ciccio, geh«, sagte Cichè an jenem Tage zu ihm, »und paß auf, wir werden uns amüsieren.«

Er durchbohrte die Bohnen; er band sie an die vier Bindfäden, die er an dem Zaumzeug befestigt hatte, und legte sie schön verteilt auf den Brotsack am Boden. Dann entfernte er sich und machte sich ans Hacken.

Eine Stunde verging, es vergingen zwei. Ab und zu unterbrach Cichè seine Arbeit, weil ihm war, als hörte er Geläute in den Lüften; er richtete sich auf und horchte. Nichts. Dann fuhr er fort zu hacken.

Es wurde Mittag. Unschlüssig, ob er sein Brot holen oder noch etwas warten solle, machte Cichè ein paar Schritte; doch als er die Falle so wohlausgerichtet liegen sah, wollte er sie nicht verderben: im gleichen Augenblick hörte er deutlich ein fernes Geklingel; er hob den Kopf.

»Dort ist er!«

Geduckt und lautlos zog er sich zurück und verbarg sich; das Herz schlug ihm im Halse.

Aber der Rabe, der das Läuten seines Glöckleins zu genießen schien, kreiste im Blau und wollte sich nicht senken.

»Vielleicht sieht er mich«, dachte Cichè; und er erhob sich, um sich weiter entfernt zu verbergen.

Doch der Rabe flog unentwegt in großer Höhe und machte keine Miene herabzukommen. Cichè war hungrig; aber er wollte nicht nachgeben. Er machte sich wieder an die Arbeit und wartete und wartete; aber der Rabe – immer weit oben, als fliege er ihm zum Tort. So hungrig und das Brot keine zehn Schritte entfernt, und nicht dran können! Es wurmte Cichè innerlich; aber er war verbissen und wütend.

»Du wirst doch schließlich mal herunterkommen! Du mußt doch auch hungrig sein!«

Der Rabe schien mit seinem Glöcklein zu antworten: »Weder du noch ich! Weder du noch ich!«

So verging der Tag. Cichè, in heller Wut, machte sich bei seinem Esel Luft, während er ihm das Zaumzeug wieder umhängte, von dem, wie ein neuartiger Schmuck, die vier Bohnen herunterbaumelten. Und wie biß er wütend in sein Brot, das ihm den ganzen Tag zur Folter geworden war! Bei jedem Bissen ein Schimpfwort auf den Raben: »Lumpenvieh, Dieb, Verräter«, weil er sich von ihm nicht hatte fangen lassen.

Aber am nächsten Tag klappte es.

Nachdem er mit der gleichen Sorgfalt den Köder wieder ausgelegt und eben erst mit seiner Arbeit begonnen hatte, vernahm er, ganz in der Nähe, ein wildes Geklingel und ein verzweifeltes Krächzen und Flügelschlagen. Er rannte hinzu. Da hockte der Rabe, und der Bindfaden hing ihm zum Schnabel heraus und erwürgte ihn.

»Bist du endlich reingefallen?« schrie er und packte ihn an den Flügeln. »Ist das Böhnchen gut? Jetzt komm' ich dran, du Lumpenvieh! Paß auf!«

Er schnitt den Bindfaden ab und hieb dem Raben zwei Faustschläge auf den Kopf.

»Das für die Angst und das für das Fasten!«

Der Esel, der nicht weit davon im Stoppelfeld graste, hatte inzwischen, von dem Krächzen erschreckt, die Flucht ergriffen. Cichè rief ihn an; dann zeigte er ihm von weitem das schwarze Biest: »Wir haben ihn, Ciccio, wir haben ihn!«

Er band dem Raben die Füße zusammen, hängte ihn am Baum auf und kehrte an seine Arbeit zurück. Während er hackte, besann er sich, auf welche Art er Rache nehmen sollte. Er würde ihm die Flügel stutzen, damit er nicht mehr fliegen könne; dann würde er ihn seinen Kindern und den Nachbarsbuben überlassen. Und er lachte vor sich hin. Als es Abend war, zäumte er den Esel und hängte den Raben, Kopf nach unten, an den Sattelknopf; er stieg auf, und fort ging es. Da begann das Glöcklein am Hals des Raben zu läuten. Der Esel spitzte die Ohren und bockte.

»Arrì!« schrie Cichè und riß die Zügel. Der Esel nahm den Weg wieder auf, schien aber nicht sehr einverstanden mit dem ungewohnten Ton, der seinen Hufschlag auf der staubigen Landstraße begleitete.

Cichè, im Sattel sitzend, dachte, daß von nun an kein Mensch mehr in den Feldern das Geläute des Raben von Mìzzaro hören würde. Er hielt ihn fest, und das Vieh gab kein Lebenszeichen mehr von sich.

»Was machst du?« fragte er ihn und schlug ihm mit dem Zügelende auf den Kopf.

»Schläfst du?«

»Cràh!« antwortete der Rabe.

Wie angewurzelt blieb der Esel stehn, reckte den Hals, spitzte die Ohren. Cichè brach in ein Gelächter aus.

»Arrì, Ciccio! Hab keine Angst!« Und er schlug den Esel auf die Ohren.

Bald darauf fragte er den Raben noch einmal: »Schläfst du?« und schlug ihn stärker als zuvor. Und lauter als zuvor antwortete der Rabe: »Cràh!«

Aber dieses Mal machte der Esel einen Satz und ergriff die Flucht. Umsonst versuchte Cichè mit aller Kraft der Arme und der Beine, ihn aufzuhalten. Der Rabe, der in der rasenden

Flucht hin und her geworfen wurde, krächzte immer verzweifelter; und je lauter er krächzte, desto wilder rannte der zu Tode erschrockene Esel.

»Cràh! Cràh! Cràh!«

Cichè seinerseits schrie und zog und zog die Zügel; aber die beiden Tiere schienen von dem Entsetzen, das sie sich gegenseitig einflößten, verrückt geworden. Lange erklang durch die Nacht der Lärm dieses verzweifelten Rittes; dann hörte man einen dumpfen Fall und nichts mehr.

Am nächsten Tag fand man Cichè tief unten in einem Abgrund zerschmettert unter dem zerschmetterten Esel liegen: ein in der Sonnenhitze dampfender Haufen blutigen Fleisches, von einer Wolke Fliegen umschwirrt.

Schwarz kreiste der Rabe von Mìzzaro durch die Lüfte und läutete, von Feiheit beseligt, sein fröhliches Glöcklein im Himmelsblau.

Aus dem Italienischen übertragen
von Paola Meister-Calvino

JAMES THURBER

Interview mit einem Lemming

Der müde Naturforscher, der die winterlichen Gebirge im Norden Europas durchwanderte, warf seinen Rucksack ab und wollte sich gerade auf einen Felsblock sinken lassen, als eine Stimme ihm zurief: »Vorsicht, Herr Nachbar!«

»Verzeihung«, murmelte der Forscher und stellte einigermaßen überrascht fest, daß der Sprecher ein Lemming war, auf den er sich beinahe gesetzt hätte. »Es ist für mich eine Quelle nicht unbeträchtlichen Erstaunens, Sie der Sprache mächtig zu finden«, sagte er und nahm neben dem Lemming Platz.

»Ihr Menschen«, erwiderte der Lemming, »wundert euch immer, wenn irgendein Tier die gleichen Fähigkeiten wie ihr besitzt. Dabei gibt es vieles, was Tiere tun können, ihr aber nicht. Ich denke da beispielsweise an die sogenannte Stridulation, das Zirpen also, eine der

Nebenleistungen des Heimchens. Diesen Laut kann eure Gattung nur mit Hilfe von Schafsdärmen und Pferdehaar hervorbringen.«

»Ja, wir sind abhängige Tiere«, gab der Wissenschaftler zu.

»Ihr seid sonderbare Tiere«, sagte der Lemming.

»Wir sind der Ansicht, daß auch ihr Lemminge sehr sonderbar seid«, bemerkte der Naturforscher. »Ihr seid vielleicht die mysteriösesten Geschöpfe, die es überhaupt gibt.«

»Bevorzugen Sie Eigenschaftswörter, die mit M anfangen?« fragte der Lemming scharf. »In diesem Fall gestatten Sie mir bitte, einige davon auf Ihre Gattung anzuwenden: mordlustig, maßlos, maliziös und muffig.«

»Sie finden demnach unsere Verhaltensweise ebenso schwer verständlich wie wir die Ihre?«

»Um einen Ihrer Ausdrücke zu gebrauchen: stimmt auffallend«, sagte der Lemming. »Ihr Menschen tötet, foltert und verstümmelt einander, ihr sperrt eure Artgenossen ein und hungert sie aus. Ihr überzieht die fruchtbare Erde mit Beton, ihr fällt Ulmen, um daraus Anstalten für Leute zu bauen, die das Ulmenfällen zum Wahnsinn getrieben hat, ihr ...«

»Sie könnten mit dieser Aufzählung unserer Sünden und Schandtaten die ganze Nacht fortfahren«, warf der Gelehrte ein.

»Die ganze Nacht und pausenlos weiter bis morgen nachmittag um vier«, bestätigte der Lemming. »Zufällig habe ich nämlich mein Leben dem Studium dieses ›höheren Tieres‹ gewidmet, wie ihr selbst euch zu nennen beliebt. Mit Ausnahme eines Punktes weiß ich alles Wissenswerte über euch – übrigens eine außergewöhnlich scheußliche, schmerzliche und schmutzige Anhäufung von Fakten, um ausschließlich Eigenschaftswörter mit SCH zu gebrauchen.«

»Sie sagen, Sie hätten Ihr Leben dem Studium meiner Gattung gewidmet ...« begann der Wissenschaftler.

»So ist es«, unterbrach ihn der Lemming. »Ich weiß, daß ihr Menschen grausam, gerissen und gefräßig seid, sinnlich, selbstsüchtig und seicht, lüstern, leichtgläubig und listig ...«

»Bitte übernehmen Sie sich nicht«, sagte der Naturforscher gelassen. »Es wird Sie vielleicht interessieren, daß ich mein Leben dem Studium der Lemminge gewidmet habe, genauso wie Sie das Ihre dem Studium der Menschen. Und wie Sie bin ich dabei auf einen einzigen Punkt gestoßen, den ich nicht verstehe.«

»Und der wäre?« fragte der Lemming.

»Ich verstehe nicht«, sagte der Wissenschaftler, »warum ihr Lemminge immer herdenweise zum Meer strebt und euch darin ertränkt.«

»Wie komisch«, rief der Lemming. »Das einzige, was *ich* nicht verstehe, ist dies: Warum tut ihr Menschen das eigentlich *nicht*?«

GEORG BRITTING

Krähen im Schnee

Die schwarzen Krähen auf dem weißen Feld:
Der Anblick macht das Herz erregt.
Es stäubt der Schnee. In Wirbeln kreist die Welt.
Sie sitzen auf den Bäumen unbewegt.

Die Zaubertiere aus der alten Zeit,
Sie sind bei uns nur zu Besuch.
Sie tragen noch das Galgenvogelkleid,
Sie hörten einst den rauhen Henkerfluch.

Was denken sie? Ach, du errätst es nicht!
Sie starren einsam vor sich hin.
Der Himmel hat ein milchig trübes Licht.
So war die Welt im ersten Anbeginn.

Nun naht vom Wald her sich ein neuer Gast.
Die andern sehen ihm nicht zu.
Er läßt sich nieder auf dem weißen Ast.
Und dann ertönt auch durch die Winterruh

So rauh wie hohl der alte Krähenschrei.
In ihm ist Langweil und Verdruß.
So hocken sie, das schwarze Einerlei,
Und wirbelnd fällt der Schnee, wohin er muß.

Quellennachweis

Mark Twain, Die Arche Noah in Bremen, in: Erzählungen, Augsburg o.J.
Konstantin Fedin, Der Igel, in: Tiergeschichten, Manesse Verlag, Zürich 1957
Herman Melville, Die Fontäne, in: Moby Dick, Hamburg o.J.
Friedrich Theodor Vischer, Prähistorische Ballade, in: Ausgewählte Werke in 8 Teilen, Leipzig (1919)
Alexander L. Kielland, Der alte Rabe, in: Tiergeschichten, Manesse Verlag, Zürich 1957
Hermann Löns, Die Wasserspitzmaus, in: Ausgewählte Werke, Band III, München 1986
Friedrich Theodor Vischer, Mein Kätzlein, in: Ausgewählte Werke in 8 Teilen, Leipzig (1919)
Jean-Henri Fabre, Der Prozessionsspinner, in: Das offenbare Geheimnis, Artemis Verlag, Zürich
Al-Qazwini, Der Phönix, in: Wunder des Himmels und der Erde, Thienemanns Verlag, Stuttgart 1986
Hermann Hesse, Das Nachtpfauenauge, in: Der Europäer, Suhrkamp Verlag, Frankfurt 1977
Georg Britting, Der Hahn, in: Gedichte, 1919–1939, Nymphenburger Verlag in der F.A. Herbig Verlagsbuchhandlung, München 1957
H.D. Thoreau, Das Eichhörnchen, in: Walden oder Leben in den Wäldern, Zürich 1971

Fabio Tombari, Der Pinguin, in: Tiergeschichten, Manesse Verlag, Zürich 1957
Konrad von Megenberg, Von dem Löwen, in: Das Tierbuch des Konrad von Megenberg, Harenberg, Dortmund 1989
Paul Eipper, Tausend Wacholderbäume hüten einen See, in: Wiedersehen mit meinen Tieren, R. Piper & Co KG, München 1966
Barthold Hinrich Brockes, Die kleine Fliege, in: Irdisches Vergnügen in Gott, Band 5, Hamburg 1736
Mark Twain, Der gefoppte Eichelhäher, in: Gesammelte Werke in fünf Bänden, Band 3, München 1966
Luigi Pirandello, Der Rabe von Mìzzaro, in: Vögel in der Weltliteratur, Manesse Verlag, Zürich 1986
James Thurber, Interview mit einem Lemming, in: Was ist daran so komisch, Rowohlt Verlag, Reinbek 1971
Georg Britting, Krähen im Schnee, in: Gedichte 1940–1951, Nymphenburger Verlag in der F.A. Herbig Verlagsbuchhandlung, München 1957

CIP-Titelaufnahme der Deutschen Bibliothek

Kleine Geschichten für Tierfreunde
ges. und hrsg. von Rainer Köthe.
Stuttgart: Engelhorn Verlag, 1991
(Engelhorn-Bücherei)
ISBN 3-87203-103-1
NE: Köthe, Rainer [Hrsg.]

Lektorat: Renate Jostmann
Typografische Gestaltung: Brigitte Müller
Satz: Uhl + Massopust GmbH, Aalen
Druck und Bindearbeiten: Clausen & Bosse, Leck
Printed in Germany